"十四五"职业教育国家规划教材　　职业院校新能源汽车专业通用教材

新能源汽车高压安全与防护
（微课版）

组编　上海景格科技股份有限公司
主编　黄经元　于晨斯

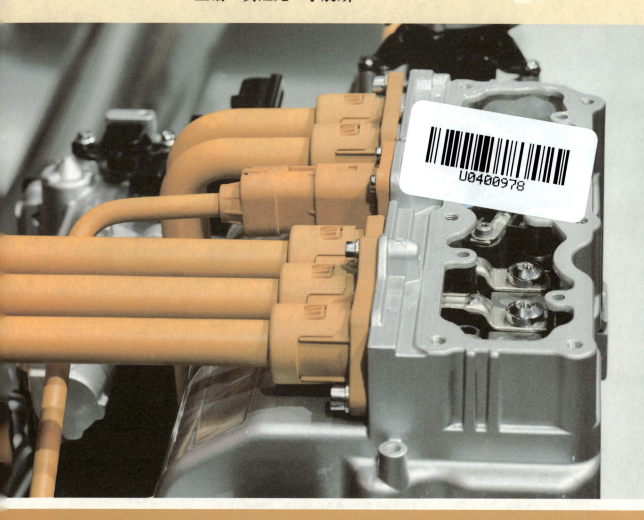

华东师范大学出版社
·上海·

图书在版编目(CIP)数据

新能源汽车高压安全与防护/黄经元,于晨斯主编;上海景格科技股份有限公司编. —上海:华东师范大学出版社,2021

ISBN 978 - 7 - 5760 - 1399 - 3

Ⅰ.①新… Ⅱ.①黄…②于…③上… Ⅲ.①新能源-汽车-安全技术-职业教育-教材 Ⅳ.①U469.7

中国版本图书馆 CIP 数据核字(2021)第 065126 号

新能源汽车高压安全与防护

组　编　上海景格科技股份有限公司
主　编　黄经元　于晨斯
责任编辑　李　琴
特约审读　李秋月
责任校对　郑海兰　时东明
装帧设计　庄玉侠

出版发行　华东师范大学出版社
社　　址　上海市中山北路 3663 号　邮编 200062
网　　址　www.ecnupress.com.cn
电　　话　021 - 60821666　行政传真 021 - 62572105
客服电话　021 - 62865537　门市(邮购)电话 021 - 62869887
地　　址　上海市中山北路 3663 号华东师范大学校内先锋路口
网　　店　http://hdsdcbs.tmall.com

印 刷 者　南通印刷总厂有限公司
开　　本　787 毫米×1092 毫米　1/16
印　　张　10.75
字　　数　227 千字
版　　次　2021 年 5 月第 1 版
印　　次　2024 年 8 月第 7 次
书　　号　ISBN 978 - 7 - 5760 - 1399 - 3
定　　价　35.00 元

出版人　王　焰

(如发现本版图书有印订质量问题,请寄回本社客服中心调换或电话 021 - 62865537 联系)

内容简介 NEI RONG JIAN JIE

随着汽车保有量的逐年增加,汽车与能源、汽车与交通、汽车与环保、汽车与城市化等矛盾也日益凸显,发展新能源汽车已刻不容缓。从21世纪初的"十五"863计划中有关电动汽车重大专项政策颁布开始,到2009年制定《新能源汽车生产企业及产品准入管理规定》,新能源汽车越来越受到国家层面的关注。近年来,新能源汽车产销量呈爆发性增长态势,新能源汽车的保有量越来越多,由此带来了新能源汽车的维修问题。新能源汽车的维修方法和传统内燃机汽车有很大的差异。新能源汽车动力系统用的是高压电,其工作电压达到几百伏,极具危险性,所以维修人员必须要学习高压安全与防护方面的知识和操作技能。

本教材以介绍新能源汽车高压系统知识及高压防护工具的使用为目标,让使用者了解新能源汽车高压安全与防护方面的理论知识、操作规范和注意事项。为了达到这一目标,本教材从高压安全常识、高压系统认知、高压工具和仪器的使用及新能源汽车事故救援方式入手,让使用者在学会工具、仪器使用方法的同时,注重安全操作规范的养成和职业素养的培育。同时,为了方便教材的应用,还匹配了与教材实训任务完全对应的学习工作页,大大提高了应用的可行性。

本教材主要参考新能源汽车国家标准规范和维修手册进行编写,分为七个项目,主要介绍了高压安全常识、新能源汽车高压系统的认知、高压防护装备的认识与使用、高压绝缘工具的认识与使用、新能源汽车高压安全操作规范、触电急救处理、新能源汽车事故发生后的救援的相关知识。每个项目主要介绍相关系统的概念、特性等内容,并结合常用工具和仪器设置匹配的实训任务来锻炼和提升使用者专业技能。

本教材可作为职业院校新能源汽车技术等相关专业教学用书,也可作为汽车技术人员培训教材,汽车维修人员和汽车技术爱好者亦可用于自学。

前言 QIAN YAN

党的二十大报告提出，要实施全面节约战略，发展绿色低碳产业，绿色发展战略升级，并提出"积极稳妥推进碳达峰碳中和"目标。新能源作为现代化产业、经济增长新引擎被提出。新能源汽车作为新能源产业的重要组成部分，是我国重要战略新兴产业，对实现碳达峰碳中和目标具有重要的作用。2022年7月国务院印发了《新能源汽车产业发展规划（2021—2035年）》，"三纵三横"研发布局为我国新能源汽车产业发展搭建了强有力的技术底座，也为我国新能源汽车发展指明了方向，提出了更高要求。发展新能源汽车产业，是汽车产业高质量发展的必然选择。

根据《国家中长期教育改革和发展规划纲要》的精神，为推进职业教育课程改革和教材建设进程，我们依据理实一体化课程改革理念，以工作任务为课程设置与内容选择的参照点，以任务为单位组织内容并以任务活动为主要学习方式，开发、编写了新能源汽车技术专业的系列课程教材。《新能源汽车高压安全与防护》既是新能源汽车各专业必修基础课程教材之一，也是上述系列课程教材之一。

本系列课程教材与项目课程教学包的设计和编制同步进行，是项目课程教学包的配套教材。

本项目课程教材的主要特色有：

◆ **以实践为主线**

教材编写的宗旨是培养以就业为导向、以职业为载体的学生全面发展。一切教学任务来源于实际工作过程中的典型生产任务，颠覆理论为主、实践为辅的传统教学模式，将纯理论课程与实际车型相关联，增加可实践操作内容，理论知识够用即可。

◆ **以互动性为基础**

本教材为融合创新立体化教材，它以独具魅力的纸质教材为核心，借助移动互联网，通过扫描二维码实现纸质教材与移动端数字化资源的瞬间连接，将教材配套的数字化资源与纸质教材内容充分融合,益教易学。

◆ **以资源库为支撑**

资源库中含有内容丰富、数量充足、知识全面的素材,分为理论教学、结构认知和实操演示三部分,教材的编写引用大量的多媒体素材,条理清晰、内容全面。

◆ **以实用性为原则**

教材的编写以工作过程为线索,形成以项目实施为主体思路、理论与实际相结合、专业教学标准与职业资格标准相融合的系列课程教材。教材任务与实际的典型工作任务相吻合,具有很强的实用性。

本教材由九江职业技术学院黄经元、于晨斯担任主编,上海景格科技股份有限公司江于飞、吕灶树参编。其中黄经元编写项目一、项目二,于晨斯编写项目三、项目四,江于飞编写项目五、项目六,吕灶树编写项目七。

本系列课程是校企合作共同开发的课程,适应各地学校新能源汽车技术等相关专业教学。希望各校在选用本项目课程教材实施教学的过程中,及时提出意见和建议,以便在修订时改正和完善。

编者

2023.07

目录 MU LU

▶ 微课视频

电流 / 2
电压 / 4
直流电 / 5
交流电 / 6
高压电警告标志 / 9
橙色高压线及高压接头 / 10

项目一　高压安全常识　　　　　　　　　　1
　　项目描述　　　　　　　　　　　　　　　1
　　学习目标　　　　　　　　　　　　　　　2
　　知识准备　　　　　　　　　　　　　　　2
　　　　一、高压电的认知　　　　　　　　　2
　　　　二、高压安全标识的识别　　　　　　8
　　实训技能　　　　　　　　　　　　　　　11
　　　　认识新能源汽车高压标识　　　　　　11
　　思考与练习　　　　　　　　　　　　　　14
　　学习小结　　　　　　　　　　　　　　　15

▶ 微课视频

比亚迪·秦高压系统 / 24
新能源汽车高压部件的认识 / 30

项目二　新能源汽车高压系统的认知　　　17
　　项目描述　　　　　　　　　　　　　　　17
　　学习目标　　　　　　　　　　　　　　　18
　　知识准备　　　　　　　　　　　　　　　18
　　　　一、新能源汽车高压系统的认识　　　18
　　　　二、新能源汽车高压部件的识别　　　24
　　实训技能　　　　　　　　　　　　　　　29
　　　　认识比亚迪·秦高压部件　　　　　　29
　　思考与练习　　　　　　　　　　　　　　32
　　学习小结　　　　　　　　　　　　　　　33

▶ 微课视频

个人防护装备的配备 / 37
安全帽的防护作用 / 39

项目三　高压防护装备的认识与使用　　　35
　　项目描述　　　　　　　　　　　　　　　35
　　学习目标　　　　　　　　　　　　　　　36

安全帽结构 / 40
安全帽使用注意事项 / 41
安全帽的正确佩戴方法 / 43
商标铭牌 / 44
力学性能 / 45
绝缘手套日常使用要求 / 46
密封性能 / 47
绝缘胶鞋的作用 / 50
绝缘胶鞋的类型 / 51
绝缘胶鞋的使用注意事项 / 53
高压防护服的作用 / 54

知识准备 36
一、高压防护用品作用 36
二、高压防护用品种类 37
三、安全帽的认识与使用 39
四、绝缘手套的认识与使用 43
五、绝缘胶鞋的认识与使用 50
六、高压防护服的认识与使用 54
实训技能 56
高压安全防护用品穿戴 56
思考与练习 58
学习小结 59

▶ 微课视频
绝缘拆装工具的特点 / 63
数字式电流钳(表)的使用 / 78
数字兆欧表的使用 / 83

项目四 高压绝缘工具的认识与使用 61

项目描述 61
学习目标 62
知识准备 62
一、高压绝缘工具的认识 62
二、拆装工具的认识 63
三、检测仪表的认识与使用 66
实训技能 80
新能源汽车绝缘工具的使用 80
思考与练习 84
学习小结 85

▶ 微课视频
外观检查 / 93
性能检查 / 93
绝缘帽检查 / 93
绝缘鞋选择 / 94
关闭点火开关 / 95
断开蓄电池负极电缆 / 96
断开维修开关 / 96
EV160 高压安全防护的规范操作 / 100
高压安全的规范操作(比亚迪·秦) / 108

项目五 新能源汽车高压安全操作规范 87

项目描述 87
学习目标 88
知识准备 88
一、新能源汽车维修硬件设施及人员要求 88
二、新能源汽车高压电气维修操作规范 92
实训技能 98
北汽 EV160 高压安全防护的操作规范 98
比亚迪·秦高压安全防护的操作规范 106

	思考与练习	112
	学习小结	113

项目六　触电急救处理　　115

▶ 微课视频
电流对人体的伤害类型 / 117
电击 / 118
电伤 / 119
单相触电 / 121
两相触电 / 122
跨步电压触电 / 123

项目描述		115
学习目标		116
知识准备		116
	一、高电压与人体伤害	116
	二、人体触电方式	121
	三、急救处理流程	124
实训技能		128
	人体心肺复苏	128
思考与练习		132
学习小结		132

项目七　新能源汽车事故发生后的救援　　135

▶ 微课视频
发生碰撞 / 140
发生火灾 / 142
涉水行驶 / 144
新能源汽车高压电的中止和
　检验（EV160）/ 147

项目描述		135
学习目标		136
知识准备		136
	一、救援安全操作流程及规范	136
	二、新能源汽车碰撞、起火、涉水后的救援	140
实训技能		146
	北汽EV160切断和恢复高压系统	146
	比亚迪·秦切断和恢复高压系统	152
思考与练习		158
学习小结		159

项目一 高压安全常识

项目描述

电在人类的日常生活中越来越重要,新能源汽车上也采用了带电设备。同时,电在应用过程中也伴随着危险。例如新能源汽车不但有 12 V 低压电器设备,还有高压电气系统,有些工作中的电压甚至能达到 600 V,稍有不慎就会发生触电,甚至会有生命危险,因此保护相关人员的安全至关重要。

本项目主要介绍电的基本参数、高压电和安全电压、新能源汽车高压标识及高压警示颜色,希望通过本项目的学习,学生能够准确找到新能源汽车高压标识并了解其含义。

1. 描述电的基本参数及电压与电流的分类；
2. 说出电的类型；
3. 列举不同领域高压电及电压的安全级别；
4. 能区别新能源车高压标识和高压警示颜色；
5. 准确找到新能源汽车高压标识。

一、高压电的认知

（一）电的基本参数

电是一种能量，也是电子流动的表现形式，它被定义为"在某个力的作用下，通过某个导体的电子流"。为了更好地理解这个定义，需先学习电的基本参数电流和电压。

1. 电流

（1）电流概念。

日常生活中，如果摩擦一个物体，如塑料笔杆、玻璃棒后，这个物体能够吸引轻小物体，就说明这些被摩擦过的物体带了电荷。而电荷的定向移动则形成了电流（electric current），如图1-1所示。导体中的电流可以是正电荷的定向移动，也可以是负电荷的定向移动，习惯上规定正电荷定向移动的方向为电流方向。需要明确的是，在金属导体中导电的是自由电子，它带负电，因此它的移动方向正好与规定的电流方向相反，

电流

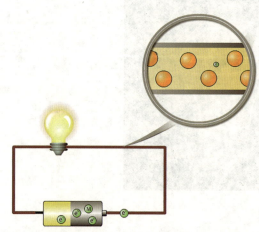

电流：电路中带电离子在电源作用下的定向移动。单位：A（安培）

图1-1 电流

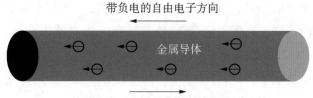

图 1-2 电流方向

如图 1-2 所示。

（2）电流计算与单位。

电流有强弱的不同,物理学中用通过导线横截面的电荷量 Q 与所用时间 t 的比值来描述电流的强弱。电流的单位是安培(ampere),简称安,符号是 A,用 I 代表,电荷 Q 的单位为库[仑](C),时间 t 的单位为秒(s):

$$I = \frac{dQ}{dt}$$

电流的常用单位还有毫安(mA)、微安(μA)和千安(kA),它们的关系为：

$$1\,mA = 10^{-3}\,A$$
$$1\,\mu A = 10^{-6}\,A$$
$$1\,kA = 10^{3}\,A$$

（3）电流分类。

电流可以分为直流电流和交流电流。

如果电流的大小和方向都不随时间变化,则称为直流电流(DC, direct current),用 I 表示,由爱迪生发明,如图 1-3 所示。

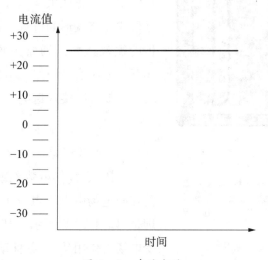

图 1-3 直流电流

直流电一般被广泛应用于手电筒(干电池)、手机(锂电池)等各类生活小电器。干电池(1.5 V)、锂电池、蓄电池等被称之为直流电源。因为这些电源电压都不会超过 24 V,所以属于安全电源。

如果电流的大小和方向都随时间变化,则称为交流电流(AC, alternating current),用 i 表示,由法拉第发明,如图 1-4 所示。

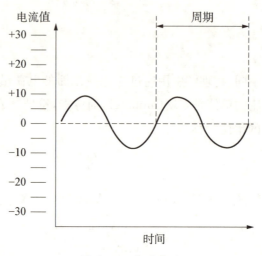

图 1-4　交流电流

交流电广泛应用于电力传输和零线火线等,生活民用电压 220 V、通用工业电压 380 V,都属于危险电压。交流电有频率,由于通常使用的交流电随时间变化的关系符合正弦函数的数学特点,因此通常使用一个正弦波来表示一个循环。一个循环就是形成完整波形的过程。使用赫兹(Hz)来计量每秒的循环次数。通常电网接入供电为 50 Hz 或 60 Hz,电压有 110 V 和 220 V。交流电在我国以 220 V、50 Hz 接入送电。

2. 电压

(1) 电压概念。

电压,也称作电势差或电位差,是衡量单位电荷在静电场中由于电位不同所产生的能量差的物理量,如图 1-5 所示。其大小等于单位正电荷因受电场力作用从 A 点移动到 B 点所做的功,电压

电压

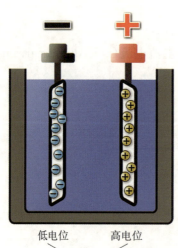

电压:热力学的两极平衡电极电位之差,是电池在理论上输出能量大小的度量之一。单位:V(伏特)

图 1-5　电压

的方向规定为从高电位指向低电位的方向,即电位降低的方向。

(2) 电压计算与单位。

电压有大小之分,其大小等于单位正电荷因受电场力作用从 A 点移动到 B 点所做的功,电压的国际单位制为伏特,简称伏,符号是 V,用 U 表示。计算公式为:

$$U_{AB}=\frac{\mathrm{d}W_{AB}}{\mathrm{d}q}$$

式中,W 代表电功率,单位为焦[耳](J);q 代表电量,单位为库[仑](C)。

电压的常用单位还有毫伏(mV)、微伏(μV)和千伏(kV),它们的关系为:

$$1\,\mathrm{mV}=10^{-3}\,\mathrm{V}$$
$$1\,\mu\mathrm{V}=10^{-6}\,\mathrm{V}$$
$$1\,\mathrm{kV}=10^{3}\,\mathrm{V}$$

绝大多数汽车电路均由车辆蓄电池或发电机来提供电源,且通常为 12 V 电气系统。纯电动汽车或混合动力汽车动力蓄电池的电压一般在 200 V 以上。

(3) 电压分类。

电压有多种分类标准,这里主要介绍按照电压变化与否分类。

根据电压变化与否,电压可分为直流电压和交流电压。

如果电压的大小和方向都不随时间变化,则称为直流电压,用 U 表示,如图 1-6 所示。如手电筒电池两端和灯泡两端的电压都是直流电压。如果电压的大小和方向都随时间变化,则称为交流电压,用 u 表示,如图 1-7 所示。如交流电 220 V 的民用电,交流电 380 V 的工业用电等。

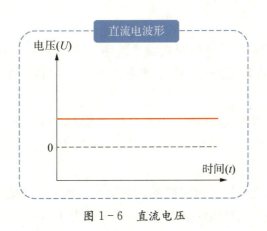

直流电

图 1-6 直流电压

交流电

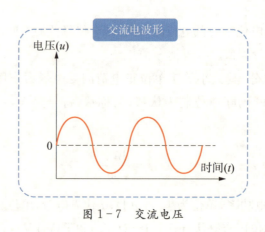

图 1-7 交流电压

（二）电的类型

按照不同的标准，电可以分为不同的种类，常见的是根据电压大小进行分类。按照电压的大小，可以分为高电压、低电压和安全电压。

在不同行业，划分高低压电的标准是不一样的，如由国家电力公司下发、在电力系统中执行的《电业安全工作规程》规定：对地电压在 1 000 V 以下时称为"低压"，对地电压在 1 000 V 及以上时称为"高压"；对电厂发电和供电来讲，以 6 000~7 000 V 左右为界，以上的为高压电，以下的为低压电；在工业上，电压为 380 V 或以上的称之为高压电，以下的为低压电。

（三）高压电

高压电这个概念是相对而言的，低压电和高压电之间没有绝对的界限，根据实际情况划分。

1. 国家电力系统高压电

（1）高低压电。

在国家电力系统中，高压电是指配电线路交流电压在 1 000 V 以上或直流电压在 1 500 V 以上的电；低压电是指交流电压在 1 000 V 以下或直流电压在 1 500 V 以下的电。

高低压的区别以电气设备的对地电压值为依据。对于交流电，对地电压高于或等于 1 000 V 的为高压，对地电压小于 1 000 V 的为低压。

（2）安全电压。

安全电压是指人体较长时间接触而不致发生触电危险的电压。国家标准规定了为防止触电事故而采用的由特定电源供电的电压系列。

我国国家标准规定的安全电压额定值共有五个等级，分别为 42 V、36 V、24 V、

12 V和6 V,应根据作业场所状况等因素选用。根据规定,安全电压为交流电压不高于36 V,直流电压不超过50 V。一般环境条件下允许持续接触的"安全特低电压"是24 V,安全电流为10 mA;干燥而触电危险性较小的环境下,安全电压规定为24 V;对于潮湿而触电危险性较大的环境(如金属容器、管道内施焊检修),安全电压规定为12 V。

电击对人体的危害程度,主要取决于通过人体电流的大小和通电时间长短。电流强度越大,致命危险越大;持续时间越长,死亡的可能性越大。能引起人感觉到的最小电流值称为感知电流,交流电流为1 mA,直流电流为5 mA;人触电后能自己摆脱的最大电流称为摆脱电流,交流电流为10 mA,直流电流为50 mA;在较短的时间内危及生命的电流称为致命电流,50 mA的电流通过人体1 s,足以使人致命,因此致命电流为50 mA。在有防止触电保护装置的情况下,人体允许通过的电流一般为30 mA。

2. 新能源汽车高压电

相对于传统汽车而言,电动汽车等新能源汽车有一个重要特点,就是具有高电压、大电流的动力回路。为了适应电机驱动工作的特性要求并提高效率,高压电气系统的工作电压可以达到300 V以上,而因电力传输线路的阻抗很小,所以高压电气系统的正常工作电流可能达到数十甚至数百安培,瞬时短路放电电流更是成倍增加。

(1) 高低电压。

按国际《电动车安全技术规范》的规定,定义高电压的标准是直流60 V、交流25 V以上,人们在维修或接触电动汽车时应配备安全保护装置且必须按一定的操作规范进行作业,否则会危及生命。

一般按车辆使用电压的高低,将车辆电压分为高、中、低三类电压:传统车辆应用低于30 V的直流低电压,轻混合电动汽车通常使用高于30 V、低于60 V的直流中等电压,双模混合动力或纯电动汽车应用60 V以上的直流高电压。

(2) 电压安全级别。

依据国家标准《电动汽车安全要求第3部分:人员触电防护》(GB/T18384.3—2015)中人员触电防护要求,根据不同电压等级可能对人体产生的伤害和危险程度不同,在新能源汽车中,将电压按照类型和数值分为两个级别,如表1-1所示。

表1-1 电压类型和数值

电压级别	工作电压/V	
	DC(直流)	AC(交流)
A	$0 < U \leqslant 60$	$0 < U \leqslant 30$
B	$60 < U \leqslant 1500$	$30 < U \leqslant 1000$

考虑到空气的湿度和人体在不同工作环境下的电阻,将车辆电压分为 A 级和 B 级。

A 级是较为安全的电压等级,小于或等于 DC 60 V;在规定的 150 Hz 频率下,低于 30 V,该电压下的维护人员不需要采取特殊防电保护。

B 级对人体会产生伤害,被认为是高压。在该电压下必须采取必要的防护设备,对维护人员进行保护。

(3) 高压特点。

在新能源汽车中,低压通常指 12 V 电源系统的电气线路,而高压主要指动力蓄电池及相关线路的电压。新能源汽车的高压具有如下特点:

① 高压的电压一般设计在 200 V 以上。

② 高压存在的形式既有直流电,也有交流电。这包括在动力蓄电池的直流,也有充电时的 220 V 电网交流电,以及电动机工作时的三相交流电。

③ 高压对绝缘的要求更高,大多数传统汽车上设计的绝缘材料,当电压超过 200 V 时可能就变成了导体,因此在新能源汽车上的绝缘材料需要具有更高的绝缘性能。

④ 高压对正负极距离的要求。12 V 电压情况下,对正负极之间的距离需要很近时才会有击穿空气的可能,但是当电压高到 200 V 以上时,正负极之间有一个很大的距离也会发生击穿空气而导电,也就是我们常说的电弧,如图 1-8 所示。在 300 V 电压下,两根导线距离 10 cm 时就会发生击穿导电。

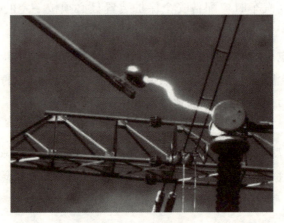

图 1-8 电弧

二、高压安全标识的识别

为防止意外触及高压系统,新能源汽车对高压部件均采用特殊的标识或颜色,对维修人员或车主给予警示。有时为强调危险,在高压标识旁边还会添加一些警告文字。新能源汽车通常采用两种形式进行高电压的警示,包括高压警示标识和导线颜色。

(一)高压警示标识

每个新能源汽车的高电压组件壳体上都带有一个标记,售后服务人员或车主均可通过标记直观看出高电压可能带来的危险,所用警示牌为基于国际标准危险电压警告标志。

如图1-9所示,高压警示标识采用黄色底色,或红色底色,图形上布置有国家标准规定的高压触电标示。

图1-9 高压标识

(二)高压警示颜色

由于高压导线长度较长,可能有几米,因此在一处或两处通过警示牌标记意义不大,售后服务人员可能会忽视这些标牌。基于此情况,为方便辨别,用颜色标记出所有高电压导线,高电压导线的某些插头及高电压安全插头也采用相应颜色,以此起到警示作用,如图1-10所示。

图1-10 高压接线和插头

按国际通行规定,电动汽车高压电配线的线皮标识颜色为橙色,如图1-11所示。在电动汽车上对有高电压的部件,都采用颜色鲜艳的橙色警戒标识。在进行维修操作时,对待高压部件应小心谨慎,严格按照安全规定进行,绝对不能随便触及。

橙色高压线及高压接头

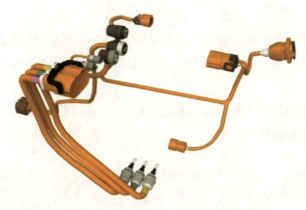

图 1-11　橙色高压线及高压接头

 **实训技能**

认识新能源汽车高压标识

实训目的
(1) 能准确找到新能源汽车高压标识的位置。
(2) 能正确认识新能源汽车高压标识的含义。

实训要求
(1) 进行认知时需车辆挂空挡并拉起驻车制动杆。
(2) 进行认知时需穿戴好安全防护。
(3) 认知完毕后需按照 6S 标准整理设备与场地。

实训器材
(1) 设备准备：北汽 EV160 新能源汽车，如图 1-12 所示。

图 1-12　北汽 EV160

(2) 工具准备：安全防护装置，如图 1-13 所示。

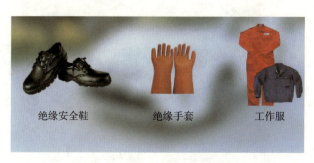

图 1-13　安全防护装置

操作步骤

1. 认知前操作

（1）穿戴好安全防护装置。

（2）断开蓄电池维修开关。

（3）拔掉维修开关,等待 5 min 再操作。

2. 高压标识整体认知

高压电非常危险,因此必须设置警告标识。有时为了强调其危险性还会在标识旁边添加一些警告文字。

新能源汽车的高压标识都分布在其高压部件上,同时高压回路部分的电线和接头都采用橙色以方便辨别。高压标识在新能源汽车上的分布位置如图 1-14 所示,高压电线和接头在新能源汽车上的位置如图 1-15 所示。

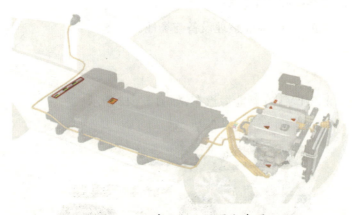

图 1-14　高压标识位置分布图

图 1-15　高压接线和插头的位置分布图

3. 高压标识具体认知

（1）查看电机上的高压电警告标识，如图 1-16 所示。

（2）查看驱动电机控制器上的高压电警告标识，如图 1-17 所示。

图 1-16　电机高压标识　　　　　图 1-17　驱动电机控制器高压标识

（3）查看高压控制盒上的高压电警告标示，如图 1-18 所示。

（4）查看 DC/DC 转换器上的高压电警告标示，如图 1-19 所示。

图 1-18　高压控制盒高压标识　　　　　图 1-19　DC/DC 转换器高压标识

（5）查看车载充电机上的高压电警告标示，如图 1-20 所示。此标识的含义从左至右依次是：止步，高压危险→注意安全（中间上部的图标）→查阅资料（中间下部的图标）→当心触电。

（6）查看动力电池组上的高压电警告标示，如图 1-21 所示。此标识的含义从左至右，从上至下的依次是：注意安全→止步，高压危险→当心触电→禁止触碰→使用绝缘工具。

图1-20 车载充电机高压标识

图1-21 动力电池组高压标识

思考与练习

一、判断题

1. 习惯上规定正电荷定向移动的方向为电流方向。( )
2. 金属导体中自由电子的移动方向和规定的电流方向一致。( )
3. 直流电有频率,通常使用一个正弦波来表示一个循环。( )
4. 直流电广泛应用于手电筒、手机等各类生活小电器。( )
5. 在国家电力系统中:电压以电气设备的对地电压值为依据。对地电压高于或等于1 000 V 的为高压;对地电压小于1 000 V 的为低压。( )
6. 在电动汽车上对有高电压的器件,都有颜色鲜艳的红色警戒标识,目的是对维修人员或车主给予警示。( )

二、单选题

1. 交流电在中国以( )接入送电。
   A. 110 V 60 Hz   B. 110 V 50 Hz   C. 220 V 60 Hz   D. 220 V 50 Hz
2. 电流的测量单位是( )。
   A. 安培   B. 伏特   C. 欧姆   D. 库仑
3. 纯电动汽车或混合动力汽车动力蓄电池的电压一般在( )以上。
   A. 380 V   B. 280 V   C. 200 V   D. 220 V
4. 在有防止触电保护装置的情况下,人体允许通过的电流一般为( )。
   A. 5 mA   B. 10 mA   C. 30 mA   D. 50 mA

5. 一般，安全电压交流电不超过 36 V，直流电不超过（　　）。
   A. 30 V　　　　　　B. 12 V　　　　　　C. 24 V　　　　　　D. 50 V

1. 电是一种能量，也是电子流动的表现形式，它被定义为"在某个力的作用下，通过某个导体的电子流"，常见的有电流和电压两个参数。电流是由电荷的定向移动形成的，习惯上规定正电荷定向移动的方向为电流方向。电流的单位是安培（ampere），简称安，符号是 A。电流根据电流的大小和方向变化与否可以分为直流电和交流电。电压从高电位指向低电位。电压单位为伏特，符号为 V。电压根据变化与否可以分为直流电压和交流电压。

2. 按照电压的大小，电可以分为高电压、低电压和安全电压。在不同行业，划分高低压电的标准是不一样的。

3. 高压电这个概念是相对而言的，低压电和高压电之间没有绝对的界限，根据实际情况划分。在国家电力系统中，高压电是指配电线路交流电压在 1 000 V 以上或直流电压在 1 500 V 以上的电；低压电是指交流电压在 1 000 V 以下或直流电压在 1 500 V 以下的电。一般按车辆使用电压的高低，将车辆电压分为高、中、低三类电压：传统车辆应用低于 30 V 的直流低电压，轻混合电动汽车通常使用高于 30 V、低于 60 V 的直流中等电压，双模混合动力或纯电动汽车应用 60 V 以上的直流高电压。

4. 新能源汽车对高压部件均采用特殊的标识或颜色，对维修人员或车主给予警示。高压警示标识采用黄色底色，或红色底色，图形上布置有国家标准规定的高压触电标示。新能源汽车的高电压部件、高电压导线及高压插头，都采用颜色鲜艳的橙色警戒标识。

项目二 新能源汽车高压系统的认知

项目描述

在新能源汽车中除了有同传统汽车一样的低压部件,还有为了满足新能源汽车工作要求的高压部件,这些部件组成了汽车高压系统。新能源汽车高压系统的高压部件必须符合高压安全的要求,同时也要做好对驾乘及维修人员的安全防护。学习新能源汽车高压系统的高压部件,可以让我们对新能源汽车的高压部件有更深的认识,也可以提高维修和维护人员在进行高压部件相关作业时的安全规范意识。

本项目主要介绍新能源汽车高压系统的组成、高压部件的位置及特点等相关知识。

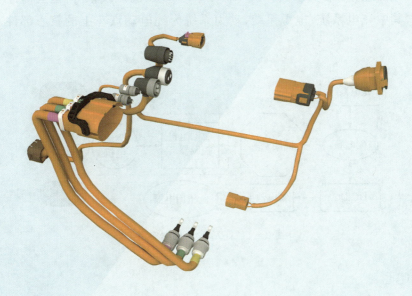

学习目标

1. 说出新能源汽车高压系统的组成部件；
2. 描述新能源汽车高压部件作用及位置；
3. 认出新能源汽车高压部件的安装标识；
4. 指出比亚迪·秦不同位置的高压部件，并说出其名称。

知识准备

一、新能源汽车高压系统的认知

新能源汽车包括纯电动汽车、混合动力汽车、燃料电池电动汽车和其他新能源汽车等。纯电动汽车，以动力电池为能源，依靠电机驱动车轮转动实现运动。本任务主要以纯电动汽车为例来介绍新能源汽车的高压系统。

（一）新能源汽车高压系统组成

在电动汽车上，整车带有高压电的零部件有动力电池、驱动电机、电机控制器（MCU）、高压配电箱（PDU）、电动压缩机、DC/DC、OBC、PTC以及高压线束等，这些部件组成了整车的高压系统，其中充电系统、电源系统、动力系统为纯电动汽车上的核心部件，如图2-1所示。

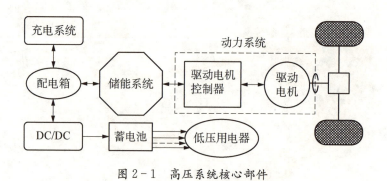

图2-1 高压系统核心部件

1. 动力电池

新能源电动车的整车动力来源是动力电池，如图2-2所示。动力电池的电压一般为100～400 V的高压，其输出电流能够达到300 A。动力电池容量的大小直接影响到整车的续

图 2-2 动力电池

驶里程,同时也直接影响到充电时间与充电效率。目前锂离子动力电池是主流,受目前技术的影响,当前绝大多数的新能源汽车均采用锂离子动力电池。

2. 驱动电机

驱动电机以车载电源为动力,将电能转化为机械能,通过传动装置或直接驱动汽车车轮行驶。与传统燃油车的发动机将燃料燃烧的化学能转化为机械能不同,其工作效率更高,能达到85%以上,故相比传统汽车,其能量利用率更高,能够减少资源的浪费。如图2-3所示为某款新能源汽车驱动电机。

图 2-3 驱动电机　　　　　图 2-4 电机控制器

3. 电机控制器（MCU）

电机控制器(moter control unit, MCU)是电动车辆的关键零部件之一,其功能是根据挡位、加速、制动等指令,将动力电池所存储的电能转化为驱动电机所需的电能,以控制电动车辆的起动运行、进退速度、爬坡力度等行驶状态,或者帮助电动车辆制动,并将部分制动能量存储到动力电池中。总地来讲,电机控制器(MCU)将高压直流电转为交流电,并与整车上其他模块进行信号交互,实现对驱动电机的有效控制。如图2-4所示为某款新能源汽车电机控制器。

4. 高压配电箱（PDU）

高压配电箱是整车高压电的一个电源分配装置，类似于低压电路系统中的电器熔丝盒。高压配电箱（power distribution unit，PDU）由很多高压继电器、高压熔丝组成，它内部还有相关的芯片，以便同相关模块实现信号通信，确保整车高压用电安全。如图2-5所示为某款新能源汽车高压配电箱。

图2-5 高压配电箱

5. 电动压缩机

传统车的压缩机是通过压缩机电磁离合器的吸合，促使发动机带动压缩机运转。电动车没有发动机，它的压缩机是通过高压电源直接驱动的，这种电动压缩机如图2-6所示。

图2-6 电动压缩机

6. PTC加热器

传统汽车上空调暖风系统的热源是引入发动机冷却后的冷却液的热量，这个在新能源车上是不存在的，因此需要专门的制热装置，这个装置被称为空调PTC。PTC（positive temperature coefficient)的作用就是制热。当低温的时候,电池包需要一定的热量才能正常工作,这时候就需要PTC加热器给电池包进行预热。如图2-7所示为某款新能源汽车PTC加热器。

图 2-7　PTC 加热器

7. 车载充电器（OBC）

OBC(on board charge)是一个将交流电转为直流电的装置。因为电池包是一个高压直流电源,当使用交流电进行充电的时候,交流电传输的电能不能直接被电池包储存,因此需要OBC装置将高压交流电转为高压直流电,从而给动力电池进行充电。如图2-8所示为某款新能源汽车车载充电器。

图 2-8　车载充电器

8. DC/DC 转换器

在新能源汽车上,DC/DC转换器是一个将高压直流电转为低压直流电的装置。新能源汽车上没有发动机,整车用电的来源也不再是发电机和蓄电池,而是动力电池和蓄电池。由于整车用电器的额定电压是低压,因此需要DC/DC装置来将高压直流电转为低压直流电,这样才能够保持整车用电平衡。如图2-9所示为某款新能源汽车DC/DC转换器。

图 2-9 DC/DC 转换器

9. 高压维修开关

新能源车上的高压维修塞,也称为高压维修开关,它可以为纯电动及混合动力汽车的高压电力系统在维修时提供安全的维修环境,也可以对电力系统起到安全保护的功能。一般在新能源汽车保养及维修时,都要先断开高压维修开关,这可以在维修时起到防短路的保护作用。如图 2-10 所示为某款新能源车的高压维修开关。

图 2-10 高压维修开关

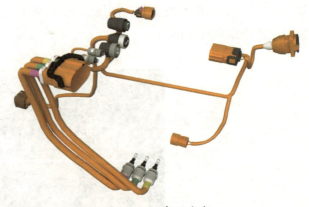

图 2-11 高压线束

10. 高压线束

高压线束是高压电源传输的媒介,可以将高压系统上各个部件相连。高压线束与低压线束的区别是带有高压电,它的输电能力对整车高压系统的稳定性影响很大。如图 2-11 所示为某款新能源车的高压线束。

11. 充电接口

充电接口是指用于连接活动电缆和电动汽车的充电部件,由充电插座和充电插头两部分构成。其中,充电插头用于电动汽车传导充电,它与充电插座的结构耦合,并与活动电缆装配连接;充电插座是安装在电动汽车上用于耦合充电插头的部件,如图2-12所示。

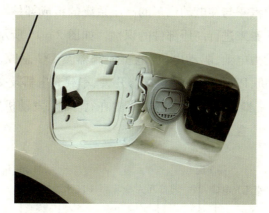

图2-12 充电接口

(二)新能源汽车高压部件安装特点

1. 高压部件安装位置

新能源汽车高压部件主要集中驾驶室及乘客舱的外部,高压导线也是沿着底盘底部布置的。比亚迪·秦高压部件位置如图2-13所示,其动力电池包、车载充电器、高压配电箱等高压部件都安装在行李舱内,而驱动电机、电动压缩机及PTC加热器等高压部件位于发动机舱内。

图2-13 比亚迪·秦高压部件布置

图2-14 驱动电机控制器高压标识

2. 高压部件安装标识

新能源汽车高压部件都具有明显的橙色标识或者在安装高压部件的醒目位置粘贴有高压标识,如图2-14所示。

二、新能源汽车高压部件的识别

混合动力汽车与纯电动汽车的高压系统的组成部件类似,本节借助混合动力汽车比亚迪·秦来进行高压部件的识别。如图 2-15 所示,混合动力汽车的高压部件主要有动力电池、驱动电机、电机控制器及 DC 总成、高压配电箱、空调配电盒、电动压缩机、PTC 水加热器、维修开关、车载充电器及交流充电口、高压线束等组成,比亚迪·秦的高压部件主要集中在行李舱、发动机舱、汽车底盘、乘客舱和汽车尾部 5 个位置。

比亚迪·秦高压系统

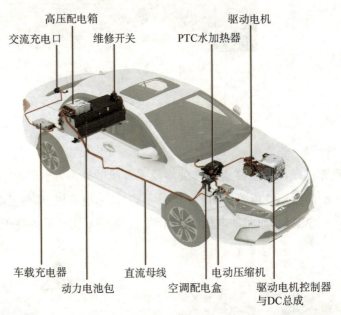

图 2-15 比亚迪·秦高压部件位置

1. 行李舱高压部件

行李舱内的高压部件有动力电池包总成、电池管理控制器、高压配电箱和车载充电器,如图 2-16 所示。

(1) 动力电池包。

动力电池包是用来给动力电路提供能量的蓄电池包的总称,比亚迪·秦的动力电池包安装在后排座椅与行李舱之间,如图 2-16 所示。

(2) 电池管理控制器。

电动汽车电池管理控制器(电池管理系统,BMS)是连接车载动力电池和电动汽车的重要纽带,其主要功能是充放电管理、电池实时监测、电池异常状态报警与

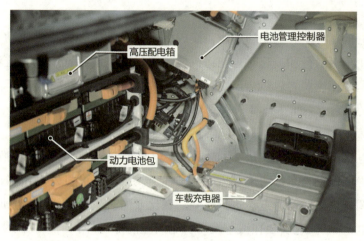

图 2-16 行李舱高压部件

保护、自诊断及通信功能等。电池管理控制器位于行李舱车身右后 C 柱内板后段，如图 2-16 所示。

(3) 高压配电箱。

高压配电箱是新能源电动汽车的高压电大电流分配单元。在比亚迪·秦车上，高压配电箱位于行李舱电池包支架右上方，如图 2-16 所示。

(4) 车载充电器。

车载充电器是完成充电指令的执行装置。在比亚迪·秦车上，车载充电器位于行李舱右部，如图 2-16 所示。

2. 发动机舱高压部件

汽车发动机舱的高压部件有驱动电机、驱动电机控制器与 DC/DC 总成、PTC 水加热器、电动压缩机、空调配电盒及高压线束，如图 2-17 所示。

图 2-17 发动机舱高压部件

(1) 驱动电机。

驱动电机是将动力电池的电能转换成机械能为车辆行驶提供驱动力的电气装置,同时,驱动电机在车辆滑行和减速时也能将机械能转化成电能存储到动力电池中。比亚迪·秦的驱动电机是在变速器之后,不经过变速器变速,直接通过减速齿轮驱动车轮,其安装在汽车发动机舱的左后部,如图 2-17 所示。

(2) 驱动电机控制器与 DC/DC 总成。

驱动电机控制器与 DC/DC 总成是驱动电机控制器与 DC/DC 转换器的集成体,可将整车高压转为低压供整车低压电器及蓄电池充电使用,也可将发电机输出的低压电升压为高压电供空调使用或对动力电池进行保养。在比亚迪·秦车上,驱动电机控制器与 DC/DC 总成与驱动电机靠近,它安装在汽车发动机舱的左前部,如图 2-17 所示。

(3) 电动压缩机。

电动压缩机是发动机舱的电动设备,它位于发动机右后下方,如图 2-18 所示,是空调整个制冷循环的动力源。

图 2-18 电动压缩机及空调配电盒位置

(4) PTC 水加热器及空调配电盒。

PTC 水加热器是空调采暖系统的加热装置,它位于发动机右后方,如图 2-17 所示。空调配电盒是 PTC 水加热器的配电装置,其位于 PTC 水加热器的下方,如图 2-18 所示。

(5) 高压线束。

汽车线束是车辆电器元件工作的桥梁和纽带,是车辆的电力和信号传输分配的神经系统。高压线束可以根据不同的电压等级配置于电动汽车内部及外部线束连接。比亚迪·秦发动机舱内的高压线束如图 2-17 所示,可以进行信号分配、屏蔽外界信号干扰,并能连接动力电池、空调压缩机和驱动电机,高效优质地传输电能。

3. 乘客舱高压部件

汽车乘客舱的高压部件有维修开关、驱动电机控制器的部分直流母线及空调的部分高压线,如图2-19所示。

图2-19 乘客舱高压部件

(1)维修开关。

维修开关可以在车辆维修时直接断开高压回路,从而保证操作人员的安全。比亚迪·秦的维修开关位于动力电池包总成上方的左上角,连接了动力电池的一个正极和一个负极,如图2-19所示。

(2)驱动电机控制器直流母线及空调高压线。

驱动电机控制器直流母线及空调高压线也是高压线,其可以连接动力电池、空调压缩机和驱动电机,高效优质地传输电能。在比亚迪·秦车上,驱动电机控制器直流母线及空调高压线位于汽车底部的驾驶员座椅下部至汽车行李舱动力电池之间,图2-19所示为高压配电箱高压电的输入或输出端线束。

4. 底盘高压部件

汽车底盘的高压部件是驱动电机控制器的部分直流母线及空调的部分高压线,如图2-20所示为高压线束保护罩,其内部包裹的是连接高压配电箱到驱动电机控制器和电动压缩机的橙色高压线束。

5. 汽车尾部高压部件

汽车尾部的高压部件是交流充电口。比亚迪·秦的交流充电口又称慢充口,位于行李舱门上,如图2-21所示,用于将外部交流充电设备的交流电源连接到车辆充电回路上。车

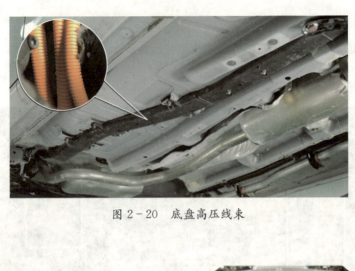

图 2-20　底盘高压线束

图 2-21　比亚迪·秦的交流充电口

辆外部通过充电连接装置连接到交流充电设备,车辆内部通过高压电缆连接到车载充电器上。

 **实训技能**

认识比亚迪·秦高压部件

实训目的

(1) 能够说出比亚迪·秦高压系统的组成。
(2) 能够识别比亚迪·秦高压部件的位置。

实训要求

(1) 注意断开蓄电池负极和维修开关。
(2) 操作时注意穿戴高压防护套件。
(3) 实训结束后按照 6S 标准整理实训室。

实训器材

(1) 设备准备：比亚迪·秦有混合动力和纯电动车型，实训用车为纯电动汽车，如图 2-22 所示。

图 2-22　比亚迪·秦纯电动汽车

(2) 工具准备：安全防护装置和常用绝缘工具，如图 2-23 所示。

（a）高压防护装置

(b) 常用绝缘工具

图 2-23 工具准备

操作步骤

1. 测量前的操作

（1）将点火开关挡位旋至 OFF 挡。

（2）做好车辆安全准备工作。

（3）断开低压蓄电池负极电缆。

2. 比亚迪·秦高压部件的识别

（1）比亚迪·秦行李舱内的高压部件如图 2-24 所示。

新能源汽车高压部件的认识

图 2-24 行李舱内的高压部件

（2）比亚迪·秦发动机舱内高压部件如图2-25和图2-26所示。

图2-25　发动机舱高压部件1

图2-26　发动机舱高压部件2

（3）比亚迪·秦乘客舱内高压部件如图2-27所示。

图2-27　乘客舱内高压部件

（4）比亚迪·秦底盘高压部件如图 2-28 所示。

图 2-28　底盘高压部件

（5）比亚迪·秦汽车尾部高压部件如图 2-29 所示。

图 2-29　汽车尾部高压部件

思考与练习

一、判断题

1. 动力电池的容量的大小直接影响到整车的续驶里程。（　　）
2. 驱动电机以车载电源为动力，可以将电能转化为机械能。（　　）
3. 电机控制器（MCU）不能与整车上其他模块进行信号交互。（　　）
4. 新能源汽车的电动压缩机与传统汽车的压缩机工作过程相同。（　　）

5. 在新能源汽车上,DC/DC 转换器是一个将高压直流电转为低压直流电的装置。（　　）
6. 新能源汽车高压导线都是沿着底盘内部布置的。（　　）

二、选择题

1. 新能源汽车高压部件主要集中在整体式车身的(　　)。【单选】
   A. 外部　　　　　B. 内部　　　　　C. 中部　　　　　D. 后部
2. 新能源汽车高压部件都采用(　　)作为明显的颜色标识。【单选】
   A. 红色　　　　　B. 橙色　　　　　C. 绿色　　　　　D. 蓝色
3. 在比亚迪·秦车上,行李舱内的高压部件主要有(　　)。【多选】
   A. 动力电池包总成　B. 电池管理控制器　C. 高压配电箱　　D. 车载充电器
4. 在比亚迪·秦车上,下列位于前机舱内高压部件的是(　　)。【多选】
   A. 驱动电机　　　　　　　　　　B. 驱动电机控制器与 DC/DC 总成
   C. 电动压缩机　　　　　　　　　D. PTC 水加热器
5. 汽车驾驶室及乘客舱的高压部件主要有(　　)。【多选】
   A. 维修开关　　　　　　　　　　B. 空调高压导线
   C. 空调配电盒　　　　　　　　　D. 驱动电机控制器的直流母线

🎯 学习小结

1. 在电动汽车上,整车带有高压电的零部件有动力电池、驱动电机、电机控制器(MCU)、高压配电箱(PDU)、电动压缩机、DC/DC、OBC、PTC 以及高压线束等,这些部件组成了整车的高压系统。

   (1) 动力电池是新能源电动车的整车动力源,而且动力电池的容量的大小影响整车的续驶里程。

   (2) 驱动电机可以将电能转化为机械能从而驱动汽车车轮行驶,相比传统汽车,其能量利用率更高,能够减少资源的浪费。

   (3) 电机控制器(MCU)将高压直流电转为交流电,并与整车上其他模块进行信号交互,实现对驱动电机的有效控制。

   (4) 高压配电箱(PDU)类似于低压电路系统中的电器熔丝盒,是整车高压电的一个电源分配的装置。

   (5) 电动压缩机与传动汽车的压缩机动力源不同,它是通过高压电源直接驱动的。

   (6) 新能源车上的空调暖风系统与传统汽车的热源不同,它需要专门的制热装置——空调 PTC 加热器。

(7) 车载充电器(OBC)是一个将高压交流电转为高压直流电,从而给动力电池进行充电的装置。

(8) 在新能源汽车上,DC/DC 转换器是一个将高压直流电转为低压直流电的装置。

(9) 切断新能源车上的高压维修塞或者高压维修开关,可以为纯电动及混合动力汽车的高压电力系统在维修时提供安全的维修环境。

(10) 高压线束是高压电源传输的媒介,可以将高压系统上各个部件相连。

(11) 充电接口是可以连接活动电缆和电动汽车的充电部件。

2. 新能源汽车高压部件主要集中在整体式车身的外部。新能源汽车高压部件都具有明显的橙色标识或者在安装高压部件的醒目位置粘贴有高压标识。

3. 比亚迪·秦的高压部件主要集中在行李舱、前机舱、汽车底盘、车内驾驶室及乘客舱和汽车尾部 5 个位置。

项目三　高压防护装备的认识与使用

项目描述

　　新能源汽车有高电压,在制造、维护新能源汽车时有高电压触电的风险。因此在维护新能源汽车高电压系统时需要采取高电压安全防护措施,包括个人的安全防护用品、维修工具的使用以及对工作环境的选择和正确的操作流程与注意事项。

　　本项目主要介绍高压防护用品(安全帽、绝缘手套、绝缘胶鞋)的作用、类型和使用方法。希望通过本项目的学习,学生能够认识高压防护用品并且会正确使用高压防护用品。

学习目标

1. 列举出高压防护用品的作用和种类；
2. 正确佩戴安全帽；
3. 进行绝缘手套的安全测试与试验；
4. 阐述使用绝缘胶鞋的注意事项。

知识准备

一、高压防护用品作用

相对于传统内燃机汽车而言，新能源汽车一般有高达上百伏的电气系统，这超过了 60 V（直流）的安全电压范围。在对高压系统进行保养或维修时，如不佩戴高压防护用品，将可能对工作人员造成电击伤害。因而，穿戴高压防护用品可以降低或者减少高压系统部件对汽车保养或维修人员的电击伤害。

知识链接

生命至上　安全为先

党的二十大报告指出："我们要坚持以人民安全为宗旨、以政治安全为根本、以经济安全为基础、以军事科技文化社会安全为保障、以促进国际安全为依托，统筹外部安全和内部安全、国土安全和国民安全、传统安全和非传统安全、自身安全和共同安全，统筹维护和塑造国家安全，夯实国家安全和社会稳定基层基础，完善参与全球安全治理机制，建设更高水平的平安中国，以新安全格局保障新发展格局。"

人身安全是所有安全的基础，新能源汽车由于其驱动源为高压蓄电池的缘故，与传统化石燃料驱动存在很大差异。电动汽车整车动力系统存在高压系统，电压从几十伏到上千伏不等，系统包含高压蓄电池(ESS)、驱动电机(TM)、直流转换器(PEB)、直流交流转换器(DCAC)、高压空调压缩机(ACP)、充电器(OBC)、直流直流转换器(DCDC)、无线充电器等高压零部件。而车身大部分结构为金属结构，具有良好的导电性，因此在整车上安装有一套高压系统在一定程度上就存在高压安全漏电风险。高压安全岗位存在的意义，就是在确保电动汽车所携带的高压系统正常工作的同时兼顾其全生命周期的安全性、可靠性等。

作为高压安全岗位的工作人员，需要学习高压防护知识，切实做到高压防护，不可疏忽大意，同时要有具有同样资质的人员陪同，避免发生意外。

二、高压防护用品种类

个人防护装备的配备

图 3-1 个人防护装备的配备

因为新能源汽车布置有高压部件，因此良好的绝缘对于保证电气设备与线路的安全运行，防止人身触电事故的发生是最基本和最可靠的手段。

防止触电的个人防护装备种类主要有安全帽、绝缘手套、护目镜、绝缘鞋，以及非化纤材质的衣服，如图 3-1 所示。

1. 安全帽

如图 3-2 所示，安全帽是工作人员在进行底盘检查时防止物体打击、坠落时头部碰撞或防止掉落的高压线漏电击中头部的防护装置。

图 3-2 安全帽

图 3-3 绝缘手套

2. 绝缘手套

绝缘手套又叫高压绝缘手套，如图 3-3 所示，是用天然橡胶制成，用绝缘橡胶或乳胶经压片、模压、硫化或浸模成型的五指手套,主要用于电工作业时对手及人体起保护作用。

3. 绝缘安全鞋

如图3-4所示,绝缘安全鞋(靴)的内底和外底之间有绝缘层,可耐规定电压,绝缘性能可靠。作用是使人体与地面绝缘,防止电流通过人体与地面构成通路,对人体造成电击伤害,把触电时的危险降低到最小程度。

图3-4 绝缘安全鞋、安全靴

4. 护目镜

如图3-5所示,高压电车辆维修用的护目镜应该具有侧面防护功能,维修过程中应戴上合适的护目镜,以防止电池电解液的飞溅伤害眼睛。

图3-5 护目镜

图3-6 高压防护服

5. 高压防护服

如图3-6所示为高压防护服。维修高电压系统时,必须穿非化纤类的工作服。因为化纤类的工作服会产生静电,并且当发生火灾事故时,化纤会在高温环境下粘连人体皮肤,对维护人员产生严重的二次伤害。

三、安全帽的认识与使用

（一）安全帽的防护作用

（1）防止飞来物体对头部的打击，如图 3-7 所示。
（2）防止从高处坠落的物体对头部造成伤害，如图 3-8 所示。

图 3-7　防止飞来物体打击

图 3-8　防止高空坠物

（3）防止头部遭电击，如图 3-9 所示。
（4）防止头发被卷进机器或暴露在粉尘中，如图 3-10 所示。
（5）防止在易燃易爆区域内因头发产生的静电引发危险。

图 3-9　防止电击

图 3-10　防止头发卷进机器

安全帽的防护作用

（二）安全帽的组成

安全帽是在新能源汽车举升状态或是维护时使用，用来保护头部免受坠落物件的伤害。它由帽壳、帽衬、下颏带和后箍及其他附件组成，如图 3-11 所示。

安全帽结构

图 3-11 安全帽组成示意图

(1) 帽壳。帽壳呈半球形,坚固、光滑并有一定弹性,由壳体、帽舌、帽沿和顶筋等组成。

(2) 帽衬。帽壳内部部件的总称,由帽箍、吸汗带、衬带及缓冲装置等组成。帽壳和帽衬之间留有一定空间,可缓冲、分散瞬时冲击力,从而避免或减轻对头部的直接伤害。

(3) 后箍。它是头箍的锁紧装置。

(4) 下颚带。下颚带是系在下巴上,起固定作用的带子。它由系带和锁紧卡组成,能够辅助、保持安全帽的状态和位置。

(5) 一指键。方便工作人员单手操作,增加安全帽的安全便利性。

(6) 自锁型帽卡。在危急情况下保证帽壳和帽夹不会脱落,保证安全帽安全可靠。

(三) 安全帽类型

安全帽按产品用途分 Y 类安全帽和 T 类安全帽。Y 类安全帽适用于一般作业类,T 类安全帽适用于特殊作业类。

1. Y 类安全帽

Y 类安全帽是指该类产品符合国家标准中规定的基本技术要求,应用于没有特殊要求下的高温、低温、潮湿和没有侧向冲击力的工作场合中。

2. T 类安全帽

除了具有 Y 类安全帽应该达到的基本性能要求外,T 类安全帽还应具有产品标准中规定的特殊性能要求。例如,冶金行业为了防止高温熔溅物对劳动者的伤害,要求安全帽具有阻燃特性;电力行业要求安全帽具有防止触电事故的绝缘特性;矿山挖掘和林业采伐要求安全帽具有抵抗侧向挤压的刚度;石油、化工和煤炭行业则要求安全帽具有防止产生静电的特性等。

其中 T 类又分为:

(1) T1 类适用于有火源的作业场所;

(2) T2类适用于井下、隧道、地下工程和采伐等作业场所；

(3) T3类适用于易燃易爆作业场所；

(4) T4（绝缘）类适用于带电作业场所；

(5) T5（低温）类适用于低温作业场所。

（四）安全帽的使用注意事项

(1) 如图3-12所示，使用之前应检查安全帽的外观是否有裂纹、碰伤痕、凹凸不平、磨损，帽衬是否完整，帽衬的结构是否处于正常状态，安全帽如存在影响

安全帽使用注意事项

图3-12 检查安全帽外观

性能的明显缺陷需及时报废，以免影响防护作用。

(2) 如图3-13所示，使用者不能随意在安全帽上拆卸或添加附件，以免影响其原有的防护性能。

图3-13 随意拆装安全帽

（3）使用者不能随意调节帽衬的尺寸。

（4）佩戴者在使用时一定要将安全帽戴正、戴牢，不能晃动，要系紧下颚带，调节好后箍以防安全帽脱落。

（5）不要随意碰撞安全帽，不要将安全帽当板凳坐，以免影响其强度。

（6）经受过一次激烈冲击的安全帽应报废，不能再次使用。

（7）安全帽不能在有酸、碱或化学试剂污染的环境中存放，不能放置在高温、日晒或潮湿的场所中，以免其老化变质，如图3-14所示。

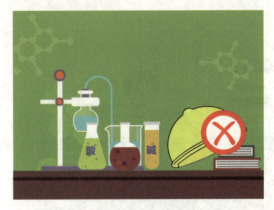

图3-14　禁止存放在酸碱环境

（8）应注意在有效期内使用安全帽，植物枝条编织的安全帽有效期为2年；塑料安全帽的有效期限为2年半；玻璃钢（包括维纶钢）和胶质安全帽的有效期为3年半，超过有效期的安全帽应报废，如图3-15所示。

图3-15　安全帽使用年限

（五）安全帽的正确佩戴方法

调大后箍，戴上之后调整后箍至合适位置，然后系好下颚带，如图3-16所示。图3-17为不正确佩戴安全帽的方法。

安全帽的正确佩戴方法

图3-16　正确佩戴安全帽的方法　　　图3-17　安全帽的不正确佩戴示意图

四、绝缘手套的认识与使用

绝缘手套是指在高压电气设备上进行带电作业时能起到电气绝缘作用的一种手套，它可使人的两手与带电物绝缘。

（一）绝缘手套的作用

绝缘手套区别于一般的劳动保护使用的安全防护手套，要求具有良好的电气性能，较高的力学性能，并具有柔软良好的佩戴与使用性能，其主要作用为：

(1) 防止高压电的伤害。
(2) 防止电磁与电离辐射的伤害。
(3) 防止化学物质的伤害。
(4) 防止撞击、切割、擦伤、微生物侵害以及感染。

（二）绝缘手套类型

绝缘手套按照用途可以分为普通型绝缘手套和带电作业用绝缘手套。普通型绝缘手套分为高压和低压；带电作业用绝缘手套按照在不同电压等级的电气设备上使用，手套分为三种型号：①适用于在3kV及以下的电气设备上工作；②适用于在10kV及以下电气设备上工作；③适用于在20kV及以下电气设备上工作。

(三)绝缘手套注意事项

(1)绝缘手套等级有很多,根据要防护的电压等级来选用。

(2)绝缘手套使用前应仔细检查,观察表面是否破损及手套是否漏气,破损和漏气的手套切勿使用,以免发生意外。

(3)绝缘手套要定期检查其绝缘性,不符合规定的不能使用。

(4)绝缘手套保存时避免高温,并在制品上撒上滑石粉以防止粘连。

(四)绝缘手套技术要求

(1)绝缘手套材料由天然橡胶或合成橡胶制成,如图3-18所示。

(a)天然橡胶

(b)合成橡胶

图3-18 绝缘手套制作材料

图3-19 分指式绝缘手套

(2)绝缘手套形状为立体手模分指式,如图3-19所示。

(3)每只手套上必须标有明显且持久的标记,内容包括:标记符号;使用电压等级/类别;制造单位或商标;尺寸;验证电压;适用范围;执行标准等,如图3-20所示。

商标铭牌

图3-20 绝缘手套标记

(4) 绝缘手套渗水性能要满足：向绝缘手套内注入空气并浸入水中无气泡现象产生。

(5) 绝缘手套要具有较高的力学性能，硬度为 30°~35°(邵尔 A 型)。

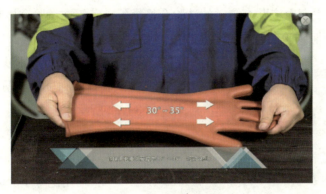

力学性能

图 3-21　力学性能

(6) 绝缘手套表面必须平滑，内外面应无针孔、裂纹、杂质、夹紧痕迹等明显缺陷和明显波纹及明显铸模痕迹，不允许有染料污染痕迹。

(7) 绝缘手套要求柔韧性强，接触感好，要确保手指操作的灵活性。

（五）绝缘手套使用规范

(1) 绝缘手套是作业时使用的辅助绝缘安全用具，必须与基本绝缘安全工器具配套使用。在 400 V 以下带电设备上直接用于不停电作业时，在满足人体的安全距离前提下，不允许超过绝缘手套的标称电压等级。

(2) 在以下 11 种工作场合中必须使用绝缘手套：

① 装、拆接地线等电气倒闸操作时；

② 解开或恢复电杆、配电变压器和避雷器的接地引线时；

③ 操作机械传动的断路器(开关)或隔离开关(刀闸)；

④ 带电作业；

⑤ 拆装高压熔断器(保险)；

⑥ 高压设备验电；

⑦ 在带电的电压互感器二次回路上工作时；

⑧ 电容器停电检修前，应戴绝缘手套对电容器放电；

⑨ 使用钳形电流表进行工作时；

⑩ 锯电缆以前，用接地的带木柄的铁钎钉入电缆芯时，扶木柄的人应戴绝缘手套；

⑪ 高压设备发生接地时，需接触设备的外壳和架构时。

（六）绝缘手套使用要求

（1）绝缘手套使用前先进行外观检查，外表应无磨损、破漏、划痕等。

（2）绝缘手套上应贴有统一的试验合格标签。若不在试验合格有效期内就不能使用。经定期试验的合格标签应贴在绝缘手套袖口表面位置。试验合格证上面应有名称、编号、本次试验日期、下次试验日期和试验人员签名等，如图 3-22 所示。

（3）绝缘手套的使用温度范围为 $-25 \sim +55$℃。

（4）使用绝缘手套时应将衣袖口套入手套筒口内，同时注意防止尖锐物体刺破手套，如图 3-23 所示。

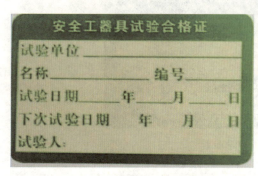

图 3-22 试验合格标签

绝缘手套日常使用要求

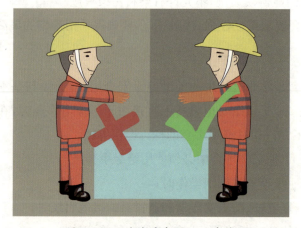

图 3-23 绝缘手套的正确穿戴

（5）绝缘手套受潮或发生霉变时应禁止使用。遭雨淋、受潮时应进行干燥处理后方可使用，但干燥温度不能超过 65℃。

（6）绝缘手套弄脏时应用肥皂和水清洗，彻底干燥后涂上滑石粉，避免粘连。

（7）使用中的绝缘手套每 6 个月进行一次交流耐压试验，检验要求如表 3-1 所示。

表3-1 绝缘手套检验要求

名称	标称电压等级/kV	交流耐压/kV	时间	泄漏电流/mA
绝缘手套	0.5	2.5	1 min	≤2.5
	3	8	1 min	≤9
	6	8	1 min	≤9
	10	8	1 min	≤9

(8) 绝缘手套应存放在绝缘工器具室。不合格的绝缘手套必须隔离处理,不能与合格绝缘工器具混放。

(9) 使用单位应建立绝缘手套使用和试验台账,对定期检验的数据进行校核;各种检查记录,有关证书和检验试验报告、出厂说明及有关技术资料均应保存完备。

(七) 绝缘手套的测试与试验

绝缘手套是电工安全防护的重要用品,它性能的好与坏直接关系到电工的人身安全,所以要定期(试验周期为6个月)对绝缘手套进行试验检测。

1. 测试

绝缘手套试验前,要先检查绝缘手套的质量,看是否有刺穿和开胶现象。可将手套向手指方向卷曲,观察有无漏气或裂口等,如果发现有缺陷时应停止使用,检查合格后方可进行试验,如图3-24所示。

图3-24 绝缘手套气密性检测

密封性能

2. 电气试验

电气试验包括:交流验证电压试验、交流耐受电压试验、直流验证电压试验、直流耐受电压试验。

试验应在环境温度为(23±5)℃,相对湿度为45%~75%的条件下进行。进行型式试验和抽样试验时,手套应浸入水中进行(16±0.5)h预湿,预湿后不应离水放置,试验应在完成预湿处理后1h内进行。

(1)一般试验要求。

手套进行预处理后,必须将内部充满自来水并浸入水箱中,一般绝缘手套吃水深度如表3-2所示。试验时,试品内、外水平面高度应保持一致,如图3-25所示。

表3-2 吃水深度

型号	手套露出水面部分长度 D_1 或 D_2/mm			
	交流验证电压试验	交流耐受电压试验	直流验证电压试验	直流耐受电压试验
0	40	40	40	50
1	40	65	50	100
2	65	75	75	130
3	90	100	100	150
4	130	165	150	180

注:吃水深度允许误差为±13mm;当试验环境相对湿度高于55%或气压低于99.3kPa时,可适当增大手套露出水面部分长度,最大可增加25mm。

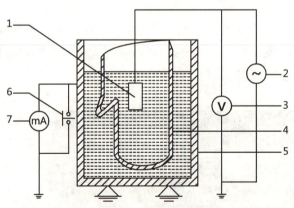

1—锁链或滑棒 2—高压电源 3—高压表 4—试品 5—金属水箱 6—毫安表短路开关 7—毫安表

图3-25 绝缘试验布置

手套内侧的水形成一个电极,用锁链或滑棒插入水中,并连接到电源的一端。手套外侧的水形成另一个电极,直接连到电源的另一端。水中应无气泡或气隙,水平面以上的手套暴露部分应保持干燥。对于某些类型的手套的预防性试验,充水会对内表面造成损害,内电极可以采用直径为4mm的镀镍不锈钢球代替。

试验设备及测量系统应符合GB/T 16927.1-2011的有关规定。试验设备应能对试品提供无级、连续可变的电压。由电动机驱动的调压设备升压方便且速度均匀。试验设备有自动开关保护，试品在试验中损坏时所产生的电流可以使自动开关跳闸。在任何短路情况下，开关都能跳闸以保护试验设备。系统的测量误差应小于3‰，测量仪器、仪表每年进行一次计量校核。

（2）交流试验方法。

测量交流验证电压试验中的泄漏电流，可直接在回路中接入一个微安表，试验值应在电压升至验证电压试验要求时读数。

a. 交流验证试验。按表3-3规定对每只手套进行交流验证试验时，交流电压应从较低值开始，约1000V/s的恒定速度逐渐升压，直至达到表3-3所规定的验证电压值或发生击穿，试验后以相同的速度降压。施压时间从达到规定值的瞬间开始计算。

对于型式试验和验收试验，所施加的验证电压应保持3 min；对于预防性试验，所施加的验证电压应保持1 min。在验证电压试验时，泄露电流不应超过表3-3的规定，则试验通过。

b. 交流耐受试验。按交流验证电压试验规定施加电压直至达到表3-3所规定的耐压值，然后降压。

试验中表3-3规定的耐受电压值范围内不应发生击穿；如果发生击穿，击穿时的电压值可认为是试品的耐受值。

试品发生击穿时的电压值不小于表3-3的规定，试验通过。

表3-3 电气绝缘性能要求

级别	交流试验						直流试验	
	验证试验电压/kV	最低耐受电压/kV	验证电压下泄漏电流[a]/mA				验证试验电压/kV	最低耐受电压/kV
			手套长度/mm					
			280	360	410	≥460		
0	5	10	12	14	16	18	10	20
1	10	20	N/a	16	18	20	20	40
2	20	30	N/a	18	20	22	30	60
3	30	40	N/a	20	22	24	40	70
4	40	50	N/a	N/a	24	26	60	90

[a] 本表中所规定的泄漏电流值仅适用于绝缘手套，对复合绝缘手套另有规定。
注1：N/a表示无适用值。
注2：在正常使用时，其泄漏电流值会比试验值要小，因为试验时试品与水的接触面积比在进行带电作业时的接触面积大，并且验证试验电压比最大使用电压要高。
注3：对于预防性试验（手套没有经过预湿处理），泄漏电流规定值应相应降低2 mA。

(3) 直流试验方法。

测量直流验证试验电压可以采用取加在手套上电压平均值的方法，可以用一块直流电压表与合适的高压电阻串联接于高压回路来测量。合适量程的静电电压表也可以用来代替上述直流电压表与电阻的组合。

① 直流验证试验。按表 3-3 规定对每只手套进行直流验证试验时，直流电压应从较低值开始，约 3 000 V/s 的恒定速度逐渐升压，直至达到表 3-3 所规定的验证电压值或发生击穿，试验后以相同的速度降压。施压时间从达到规定值的瞬间开始计算。

对于型式试验和验收试验，所施加的验证电压应保持 3 min；对于预防性试验，所施加的验证电压应保持 1 min。

② 直流耐受试验。按照直流验证试验规定施加电压直至达到表 3-3 所规定的耐压值，然后降压。

试验中在表 3-3 规定的耐受电压值范围内应不发生击穿；如果发生击穿，击穿时的电压值可认为是试品的耐受值。

试品发生闪络时的电压值不小于表 3-3 的规定，试验通过。

五、绝缘胶鞋的认识与使用

绝缘胶鞋是在进行电业作业或电路作业要穿戴的防护装置，它可以使人体与地面绝缘，防止电流通过人体与地面构成通路，也能防止试验电压范围内的跨步电压对人体的危害。

（一）绝缘胶鞋的作用

（1）防止触电伤害，如图 3-26 所示。

绝缘胶鞋的作用

图 3-26 防止触电

（2）防止静电伤害。

（二）绝缘胶鞋类型

1. 按帮面材料分

绝缘胶鞋按照帮面材料可以分为：电绝缘皮鞋类、电绝缘布面胶鞋类和电绝缘胶面胶鞋类，如图 3-27 所示。

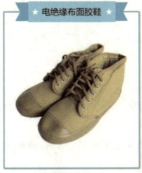

绝缘胶鞋的类型

图 3-27　不同帮面材料的绝缘胶鞋

2. 按款式分

绝缘胶鞋按帮面高低可以分为低帮电绝缘鞋，高腰电绝缘鞋、半筒电绝缘靴和高筒电绝缘靴，如图 3-28 所示。

图 3-28　不同高低帮面的绝缘胶鞋

(三) 绝缘胶鞋技术要求

(1) 电绝缘皮鞋和电绝缘布面鞋：当泄漏电流为 0.3mA/kV 时应满足表 3-4 要求。

表 3-4　电绝缘皮鞋和电绝缘布面鞋的电性能要求

项目名称	出厂检验		预防性检验	
	皮鞋	布面胶底鞋	皮鞋	布面胶底鞋
试验电压(工频)/kV	6	5　　　15	5	3.5　　　12
泄漏电流/mA	1.8	1.5　　　4.5	1.5	1.1　　　3.6
试验时间/min	1			

(2) 电绝缘胶靴和聚合材料的电绝缘靴：当泄漏电流为 0.4mA/kV 时应满足表 3-5 要求。

表 3-5　电绝缘胶靴和电绝缘聚合材料靴的电性能要求

项目名称	出厂检验					预防性检验				
试验电压(工频)/kV	6	10	15	20	30	4.5	8	12	15	25
泄漏电流/mA	≤2.4	4	6	8	10	1.8	3.2	4.8	6	10
试验时间/min	1									

(四) 绝缘胶鞋使用年限

应时常留意安全鞋的使用时间，鞋面、鞋底的磨损状况，一般情况下，劳保安全鞋的使用时间以不超过 6 个月为宜。

(五) 绝缘胶鞋穿戴的注意事项

(1) 如果有电击危险应穿电绝缘鞋，要穿戴适宜工作环境危险度的电绝缘鞋，工作时电绝缘鞋作为辅助安全用具和劳动保护用品鞋使用。

(2) 电绝缘鞋不能保证 100% 防护电击，在使用期限内，其避电性能应随时符合要求，因此附加测试就必不可少。经预防性检验的电绝缘鞋耐电压和泄漏电流值应符合标准要求，每次预防性检验结果有效期不超过 6 个月；储存期为 24 个月，超过 24 个月的产品需逐只经预防性电性能检验，检验合格方能使用。

(3) 使用期间绝缘鞋可能会被刻痕、切割、磨损或化学污染而损坏，应定期检查，损坏的鞋不能使用，如图 3-29 所示。

(4) 禁止在污染鞋底材料的场所穿用，进入这类危险区域时会影响鞋的电性能。

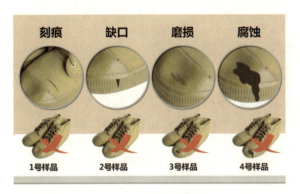

图 3-29 绝缘鞋损坏

（5）工作环境要保持鞋面干燥，如图 3-30 所示。

图 3-30 禁止鞋面潮湿

（6）在储存时，应存放在干燥通风的仓库内，防止霉变，应离地面、墙壁 0.2 m 以上，如图 3-31 所示。

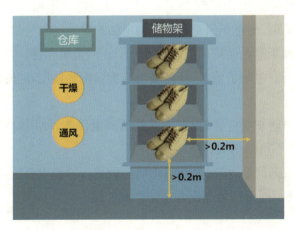

图 3-31 储存方式

六、高压防护服的认识与使用

防护服为实现防止静电积累、油水渗透、硬物刺入等安全防范措施而使用的工作服。高压静电防护服,简称为高压防护服,是为了防止衣服的静电积累,用防静电织物为面料而制成的工作服。高压防护服应符合 GB12014-2019《防护服装 防静电服》的规定。

(一) 高压防护服作用

高压防护服能有效屏蔽高压电场,在穿着高压防护服后,使处于高压电场中的人体外表面各部位形成一个等电位屏蔽面,从而防护人体免受高压电场及电磁波的危害,如图3-32所示。

高压防护服的作用

(a) 未穿防护服

(b) 穿着防护服

图 3-32 防护服作用

(二) 高压防护服的使用与注意事项

(1) 禁止在易燃、易爆场所穿脱高压静电防护服。

(2) 禁止在高压静电防护服上附加或佩带任何金属物件。

(3) 穿用高压静电防护服时,还需要与防护鞋配套使用,同时地面也应是导电地板。

(4) 高压静电防护服应保持清洁,保持防静电性能,使用后用软毛刷、软布蘸中性洗涤剂刷洗,不可损伤服料纤维。

(5) 穿用一段时间后,应对高压静电防护服进行检验或更换,若防静电性能不符合标准要求,则不能再作为高压静电防护服使用。

（三）高压静电防护服的技术指标要求

(1) 衣料屏蔽效率不得小于 28 dB。

(2) 衣料电阻不得大于 300 Ω。

(3) 经耐酸性汗蚀和耐碱性汗蚀试验，其电阻值均不得大于 500 Ω，屏蔽效率不得小于 26 dB。

(4) 透过衣料的空气流量不得小于 35 L/(m^2·s)。

(5) 衣料经向断裂强度不得小于 345 N，纬向断裂强度不得小于 300 N，经纬向断裂伸长率不得小于 10%。

(6) 鞋的电阻不得大于 500 Ω。

(7) 帽檐外伸边沿或披肩均应用静电防护衣料制作，避免人体头部裸露部位产生不舒适感。

(8) 上衣的衣领袖口及上衣与裤连接的两侧均应配制连接带。

(9) 裤与上衣连接的两侧及两裤脚均应配制连接带。

(10) 帽手套均应配制一根连接带。

(11) 连接带与衣裤帽手套的搭接长度不得小于 100 mm，宽度不得小于 15 mm，且连接带与被连接件的纵向缝制不得少于 3 道，并应均匀分布于连接带上。

 实训技能

高压安全防护用品穿戴

实训目的
(1) 能正确认识高压防护用品。
(2) 能正确穿戴高压防护用品。

实训要求
(1) 穿戴防护用品时要注意保护,不要损坏。
(2) 实训结束后需按照5S标准整理设备与场地。

实训器材
(1) 防护用品准备:高压防护服、绝缘靴、安全帽、护目镜、绝缘手套,如图3-33所示。

(a) 高压防护服　　(b) 绝缘靴　　(c) 绝缘手套

(d) 安全帽　　(e) 护目镜

图3-33　防护用品

操作步骤

1. 外观检查

（1）检查绝缘服表面。绝缘服应完好无损，无深度划痕和磨损，厚度应均匀且无明显小孔。

（2）检查安全帽的外观是否有裂纹、碰伤痕、凹凸不平、磨损，帽衬是否完整，帽衬的结构是否处于正常状态。

（3）检查绝缘手套外表，应无磨损、破漏、划痕并且贴有合格证。

（4）检查护目镜是否有裂痕。

（5）检查绝缘鞋外表面，不能有刻痕、切割、磨损或化学污染，应定期检查，鞋底和跟部不应有金属钩等部件。

2. 穿戴防护用品

（1）脱掉自己的鞋子。

（2）穿防护服。胳膊伸入防护服袖子中后先不要拉上拉链以及戴上帽子。

（3）穿绝缘鞋，系好鞋带。

> **注意事项**
>
> ◇ 防护服的裤脚要盖住脚踝和安全鞋的鞋帮。
> ◇ 安全鞋禁止在会污染鞋底材料的场所穿用。
> ◇ 工作环境要保持鞋面干燥。

（4）戴口罩。一只手托着口罩，扣于面部适当的部位，另一只手将口罩带戴在合适的部位，压紧鼻夹，紧贴于鼻梁。

（5）佩戴护目镜。根据自己的佩戴感受调整好护目镜。

（6）戴上防护服帽子，从下向上拉上拉链，粘贴拉链门襟。

（7）戴上安全帽。要将安全帽戴正、戴牢，不能晃动，要系紧下颚带，调节好后箍以防安全帽脱落。

> **注意事项**
>
> ◇ 不能随意在安全帽上拆卸或添加附件。
> ◇ 不要随意调节帽衬的尺寸。

(8) 戴上防护手套。

> **注意事项**
>
> ◇ 使用绝缘手套时应将衣袖口套入手套筒口内,同时注意防止尖锐物体刺破手套。
> ◇ 绝缘手套弄脏时应用肥皂和水清洗,彻底干燥后涂上滑石粉,避免粘连。

思考与练习

一、判断题

1. T 类安全帽,一般适用于建筑行业和特殊作业类。( )
2. 安全帽的帽壳和帽衬之间留有一定空间,可缓冲、分散瞬时冲击力,从而避免或减轻对头部的直接伤害。( )
3. 绝缘手套要求具有良好的电气性能,较高的力学性能,并具有柔软良好的使用性能。( )
4. T2 类安全帽适用于易燃易爆作业场所。( )
5. 使用中的绝缘手套每 6 个月进行一次交流耐压试验。( )
6. 绝缘胶鞋按帮面高低可以分为低帮电绝缘鞋,高腰电绝缘鞋、半筒电绝缘靴和高筒电绝缘靴。( )

二、单选题

1. 防止触电的个人防护设备类型主要有( )。
   A. 安全帽　　　　B. 绝缘手套　　　　C. 绝缘胶鞋　　　　D. 护目镜
2. 安全帽由( )组成。
   A. 帽壳　　　　　B. 帽衬　　　　　　C. 下颊带　　　　　D. 后箍
3. ( )类安全帽适用于低温作业场所。
   A. T3　　　　　　B. T2　　　　　　　C. T5　　　　　　　D. T4
4. 绝缘手套的使用温度范围为( )。
   A. －20～＋50℃　　　　　　　　　　B. －20～＋55℃
   C. －25～＋55℃　　　　　　　　　　D. －25～＋50℃

学习小结

1. 在对高压系统进行保养或维修时需要穿戴高压防护用品以保护自身安全。高压防护用品包括安全帽、绝缘手套、护目镜、绝缘鞋以及防护服。
2. 安全帽由帽壳、帽衬、下颚带和后箍及其他附件组成,具有保护头部的防护作用;按用途分可以分为 Y 类和 T 类安全帽;安全帽需正确佩戴,并且牢记使用时的注意事项。
3. 绝缘手套是指在高压电气设备上进行带电作业时起电气绝缘作用的一种带电作业用绝缘手套。由天然橡胶或合成橡胶制成,形状为立体手模分指式,每只手套上都有明确的标签并且要满足一定的性能要求。绝缘手套在使用过程中要遵循使用规范,并且定期对绝缘手套进行测试与试验以保证手套的安全性。
4. 绝缘胶鞋分类可以按照帮面材料、款式、工业需求鞋底以及安全鞋功能进行分类;绝缘胶鞋有一定的技术要求和使用年限(一般不超过 6 个月),使用时要牢记穿戴的注意事项。

项目四　高压绝缘工具的认识与使用

项目描述

除了传统的维修工具和检测设备外,新能源汽车因为存在高压电路,在检测、维修新能源汽车高压电气部件时,必须使用专用的维修工具及检测设备。

本项目主要介绍拆装工具和检测仪表,希望通过本项目的学习,学生能够识别高压绝缘工具并能正确使用高压绝缘工具。

学习目标

1. 列举绝缘工具的类型；
2. 描述拆装工具的类型以及重要性；
3. 说出检测仪表的类型以及使用方法；
4. 正确使用检测仪表测量电压、电流、电阻。

知识准备

一、高压绝缘工具的认识

新能源汽车绝缘工具主要包括拆装工具和检测仪表。

绝缘工具是在常用金属工具的外表面采用具有绝缘强度的材料，足以抵抗高压电气设备运行电压的安全工具，如图 4-1 所示。

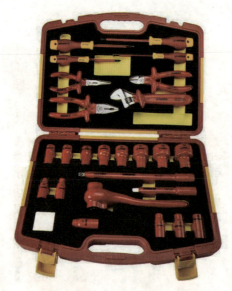

图 4-1　绝缘拆装工具

检测仪表也称测量仪表，是指能正确感受和反映被测量大小的仪表。它能够用来确定被测变量的量值变化或量值特性、状态和成分。新能源汽车维修中使用的仪表有数字式万用表、兆欧表以及数字电流钳，如图 4-2 所示。

(a) 数字式万用表　　　　(b) 兆欧表　　　　(c) 数字电流钳

图 4-2　检测仪表

二、拆装工具的认识

新能源汽车涉及高压的部分零部件拆装必须使用绝缘拆装工具。

（一）绝缘拆装工具特点

绝缘拆装工具可以对从事高压相关工作维修人员，在高压操作时起到安全保护作用，满足高压工作的要求，所以具有如下特点，如图 4-3 所示。

绝缘拆装工具的特点

图 4-3　绝缘拆装工具的特点

(1) 装有耐压 1000 V 以上的绝缘柄。
(2) 绝缘材料不易脱落。
(3) 有很强的耐腐蚀、耐高温和耐高压性能。
(4) 有一定的机械强度，不容易破损。

（二）绝缘工具认识

绝缘拆装工具主要有以下几种类型：

1. 扳手类

一种用于拧紧或旋松螺栓、螺母等螺纹紧固件的装卸用手工工具。它有以下几种类型：

（1）开口扳手。

最常见的一种扳手，又称呆扳手，一端或两端制有固定尺寸的开口，用以拧转一定尺寸的螺母或螺栓，如图4-4所示。

（2）梅花扳手。

两端具有带六角孔或十二角孔的工作端，适用于工作空间狭小，不能使用普通扳手的场合，与开口扳手相比，梅花扳手强度高，使用时不易滑脱，但套上、取下不方便，如图4-5所示。

（3）套筒扳手。

由多个带六角孔或十二角孔的套筒并配有手柄、接杆等多种附件组成，特别适用于拧转位置十分狭小或凹陷很深处的螺栓或螺母，如图4-6所示。

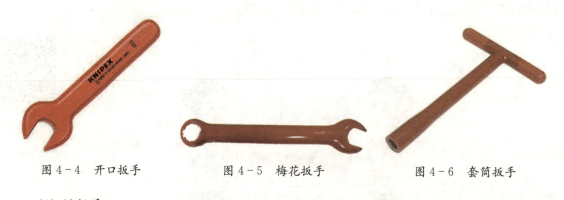

图4-4 开口扳手　　　　图4-5 梅花扳手　　　　图4-6 套筒扳手

（4）活扳手。

开口宽度可在一定尺寸范围内进行调节，能拧转不同规格的螺栓或螺母，如图4-7所示。

（5）扭力扳手。

扭力扳手分为定扭式扭力扳手和指针式扭力扳手。

图4-7 活扳手

定扭式扭力扳手在拧转螺栓或螺母时，能显示出所施加的扭矩；或者当施加的扭矩达到规定值后，会发出光或声响信号，如图4-8所示；指针式扭力扳手头部连接着扭力杆，并配有指示针。当扭动力矩增加时，扭力杆发生扭曲，指针将摆动至相应的扭矩刻度。但由于指针式扭力扳手无法精确测量扭力值，因此不常用在需要精确控制扭矩的场合。

(a) 定扭式扭力扳手　　　　(b) 指针式扭力扳手

图 4-8　扭力扳手

(6) 内六角扳手。

成 L 形的六角棒状扳手,专用于拧转内六角螺钉,规格以六角形对边尺寸表示,如图 4-9 所示。

图 4-9　内六角扳手

2. 螺钉旋具

一种用以拧紧或旋松各种尺寸的槽形机用螺钉、木螺钉以及自攻螺钉的手工工具。又称螺丝刀、起子、改锥。螺钉旋具一般按旋杆顶端的刀口形状分为一字型、十字型、六角型和花型等数种,分别旋拧带有相应螺钉头的螺纹紧固件。其中以一字型和十字型最为常用,如图 4-10 所示。

3. 手锤、手钳类

手锤:用于敲击或锤打物体的手工工具。锤由锤头和握持手柄两部分组成。锤的使用极为普遍,形式、规格很多。常见的有圆头锤、羊角锤、斩口锤和什锦锤等,如图 4-11 所示。

手钳:一种用于夹持、固定加工工件或者扭转、弯曲、剪断金属丝线的手工工具。钳的外形呈 V 形,通常包括手柄、钳腮和钳嘴 3 个部分,如图 4-12 所示。

图 4-10　十字型螺丝刀　　　图 4-11　绝缘手锤　　　图 4-12　手钳

4. 绝缘剥线钳

是内线电工、电动机修理、仪器仪表电工常用的工具之一,用来供电工剥除电线头部的表面绝缘层。剥线钳可以使得电线被剥线的部分绝缘皮与电线分开,还可以防止触电,如图4-13所示。

5. 绝缘电工脱皮刀

电工常用的一种切削工具。普通的电工刀由刀片、刀刃、刀把、刀挂等构成,主要用来削电线绝缘层,如图4-14所示。

图4-13 鹰嘴剥线钳

图4-14 绝缘电工脱皮刀

三、检测仪表的认识与使用

(一)数字式万用表

1. 作用

数字式万用表是一种新型的、可以测量多种电量、具有多种量程的便携式仪表。普通的数字式万用表主要用来测量直流电流、交直流电压和电阻等。

2. 组成

数字式万用表具有特大屏幕、输入连接提示、全符号显示、全量程过载保护和独特的外观设计。数字式万用表的面板布局包括:LCD显示屏、按键控制区、功能选择区和线路连接区,如图4-15所示。

(1)LCD显示屏。

显示位数为四位,最大显示数为±1 999,若超过此数值,则显示1或-1,如图4-16所示。

项目四 高压绝缘工具的认识与使用

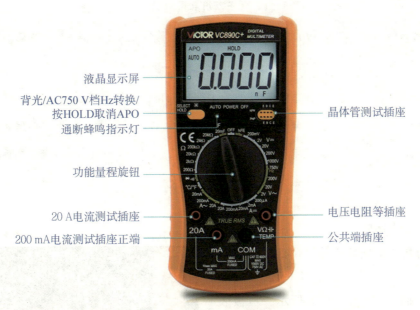

图 4-15 数字万用表组成

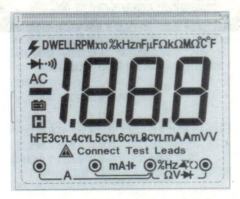

图 4-16 数字万用表 LCD 显示屏

图 4-17 数字式万用表功能选择区

（2）按键控制区。

按键区包含数据保持按键开关 HOLD，用于锁定当前测量值，当需要保留实时测量值或者测量位置不便直接读数、测量连续变动量（如电机起动时电流）的当前值时，按下 HOLD 键，供判读记录。

（3）功能选择区。

功能选择区如图 4-17 所示，各图示的含义如表 4-1 所示。

表 4-1 数字万用表面板功能符号

符号	功能说明	符号	功能说明
V=	直流电压测量	▶⊢	二极管测量
V～	交流电压测量	hFE	晶体管测量
A=	直流电流测量	Ω	电阻测量
A～	交流电流测量	•)))	电路通断测量
2 000 μF	电容测量		

(4) 线路连接区。

数字万用表的线路连接区由四个表笔插孔组成,分别为"COM"、"VΩ"、"mA"、"20 A"四个插孔,如图 4-18 所示。负极表笔始终置于"COM"插孔中,正极表笔则需要根据测量工作类型在剩余三个插孔中切换。

当需要进行电压值、电阻值、电路通断情况、二极管以及晶体管测量时需要将正极表笔置于"VΩ"孔中。当需要检测 20 A 以下电流时,需要将正极表笔置于"mA"孔中。当需

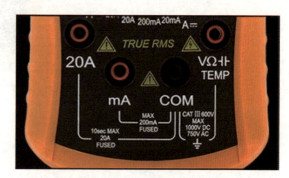

图 4-18 数字万用表表笔插孔

要检测 20 A 以上电流时,需要将正极表笔置于"20 A"孔中。

需要注意的是,当测量工作类型改变时,未及时更换正极表笔插孔位置则可能造成万用表损坏。

3. 使用方法

(1) 电压的测量。

① 直流电压测量。如图 4-19 所示,首先将黑表笔插进"COM"孔,红表笔插进"VΩ"。把旋钮选到比估计值大的量程(注意:表盘上的数值均为最大量程,"V̄"表示直流电压挡,"Ṽ"表示交流电压挡,"A"是电流挡),接着把表笔接电源或电池两端,保持接触稳定。数值可以直接从显示屏上读取,若显示为"1.",则表明量程太小,那么就要加大量程后再测量工业电器。如果在数值左边出现"－",则表明表笔极性与实际电源极性相反,此时红表笔接的是负极。

② 交流电压测量。如图 4-20 所示,表笔插孔与直流电压的测量一样,不过应该将旋钮打到交流档"Ṽ"处所需的量程即可。交流电压无正负之分,测量方法跟前面相同。无论测交

图4-19 测量直流电压

图4-20 测量交流电压

流还是直流电压,都要注意人身安全,不要随便用手触摸表笔的金属部分。

(2) 电流的测量。

① 直流电流测量。如图4-21所示,首先将挡位打到"2mA"上,然后将表笔插在A万用表上,黑色表笔插在"COM"插孔,将红色表笔插在"mA"插孔,然后把红色表笔连接在电池的"正极"上,将黑色表笔连接在B万用表(被测物)的"负极"上,通过串联电路即可测量B万用表工作时的电流。

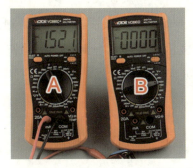
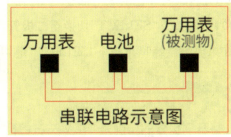

图4-21 测量直流电流

② 交流电流测量。如图4-22所示,测量交流电流方法与测量直流电流相同,不过挡位应该打到交流电流挡位,电流测量完毕后应将红笔插回"VΩ"孔,若忘记这一步而直接测电压,则有可能导致万用表损坏。

(3) 电阻的测量。

如图4-22所示,将表笔插进"COM"和"VΩ"孔中,把旋钮打旋到"Ω"中所需的量程,用表笔接在电阻两端金属部位,测量中可以用手接触电阻,但不要用手同时接触电阻两端,这样会影响测量精确度。读数时,要保持表笔和电阻有良好的接触。

注意事项

◇ 在"200"档时单位是"Ω",在"2 K"到"200 K"档时单位为"kΩ","2 M"以上的单位是"MΩ"。

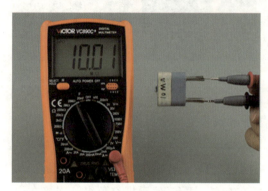

图4-22 测量电阻

图4-23 测量二极管

(4) 二极管的测量。

如图4-23所示,测量时,表笔位置与电压测量一样,将旋钮旋到"⊷"档;将黑色的表笔插在"COM"插孔,将红色的表笔插在"VΩ"孔中,开始测量二极管,如果显示屏上有显示蜂鸣符号"·)))",则按下"SELECT"切换至二极管,显示屏会显示"⊷"二极管符号,即可测量二极管,如果要测量蜂鸣再按下"SELECT"键切换回蜂鸣测量。

注意事项

◇ 肖特基二极管的压降是0.2 V左右,普通硅整流管(1N4000、1N5400系列等)约为0.7 V,发光二极管约为1.8~2.3 V。

(5) 晶体管的测量。

如图4-24所示,表笔插位同上;其原理同二极管。先假定A脚为基极,用黑表笔与该脚相接,红表笔与其他两脚分别接触;若两次读数均为0.7 V左右,然后再用红笔接A脚,黑笔接触其他两脚,若均显示"1",则A脚为基极,否则需要重新测量,且此管为PNP管。

集电极和发射极可以利用"hFE"档来判断:先将档位打到"hFE"档,可以看到档位旁有一排小插孔,分为PNP和NPN管的测量。前面已经判断出管型,将基极插入对应管型"b"孔,其余两脚分别插入"c"、"e"孔,此时可以读取数值,即β值;再固定基极,其余两脚对调;比

项目四 高压绝缘工具的认识与使用

图 4-24 测量晶体管

图 4-25 测量电容

较两次读数,读数较大的管脚位置与表面"c""e"相对应。

(6) 电容测量。

如图 4-25 所示,测量时,首先将挡位打到"F 20mF"上,然后将黑色的表笔插在"COM"插孔,将红色的表笔插在"VΩ"孔中,开始测量电容。

(7) 温度测量。

如图 4-26 所示,测量时,首先将挡位打到"℃"上,然后将温度热电偶的黑色插头插在"COM"插孔,将红色插头插在"VΩ"孔中,再把热电偶探头放入被测物中,开始测量温度。

图 4-26 测量温度

(二) 兆欧表

1. 作用

兆欧表刻度是以兆欧(MΩ)为单位。它是电工常用的一种测量仪表,主要用来检查电气设备、家用电器或电气线路对地及相间的绝缘电阻,以保证这些设备、电器和线路工作在正常状态,避免发生触电伤亡及设备损坏等事故。

2. 分类

常见的兆欧表主要有手摇式兆欧表和数字式兆欧表两种。

（1）手摇式兆欧表。

手摇式兆欧表广泛适用于各种现场环境的绝缘电阻测量，操作简便，能够提供各测试挡位稳定的直流电压输出，如图 4-27 所示。

图 4-27 手摇式兆欧表

图 4-28 数字式兆欧表

（2）数字式兆欧表。

数字式兆欧表有多种电压输出选择，测量电阻量程范围可达 0～400 GΩ；有模拟指针和数字显示两种方式显示绝缘阻值；具有交直流两用、自动计算各种绝缘指标、各种测量结果有防掉电功能等特点。它是测量大容量变压器、互感器、发电机等绝缘电阻的理想测试仪器，如图 4-28 所示。

3. 组成

（1）手摇式兆欧表。

它由一个手摇发电机、表头和三个接线柱（即 L：线路端；E：接地端；G：屏蔽端）组成，如图 4-29 所示。

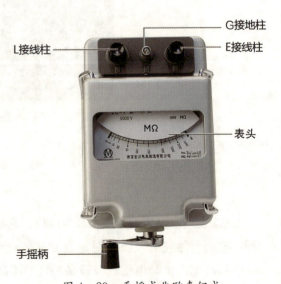

图 4-29 手摇式兆欧表组成

（2）数字式兆欧表。

数字式兆欧表由液晶显示屏、按键控制区、功能选择区和线路连接区组成，如图 4-30 所示。

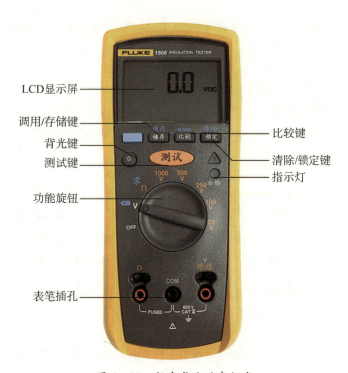

图 4-30　数字式兆欧表组成

① 液晶显示屏。显示位数为四位，如图 4-31 所示。

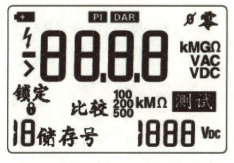

图 4-31　数字式兆欧表显示屏

② 按键控制区。数字式兆欧表按键控制区及指示灯功能介绍如表 4-2 所示。

表4-2 数字式兆欧表按键控制区功能符号

按钮/指示灯	功能说明
	选择测量功能
	保存上一次绝缘电阻或接地耦合电阻测量结果;第二功能:检索保存在内存中的测量值
	给绝缘测试设定通过/失败极限;第二功能:按此按钮来配置测试仪进行指数或介电吸收比测试。按"测试"开始测试
	测试锁定。如在按测试按钮之前按"测试",则在再次按下锁定或测试按钮解除锁定之前测试将保持在活动状态;第二功能:清楚所有内存内容
	打开或关闭背光灯。背光灯在2 min后熄灭
	当旋转开关处于绝缘位置时启动绝缘测试;使测试仪供应(输出)高电压并测量绝缘电阻;当旋转开关处于欧姆位置时,启动电阻测试
	危险电压警告。表示在输入端检测到30 V或更高电压(交流或直流取决于旋转开关位置)。当在"  V"开关位置上时,显示屏中显示" ",以及" "显示在显示屏上时也会出现该指示符。当绝缘测试正在进行时," "符号会出现
	通过指示灯。指示绝缘电阻测量值大于所选的比较限值

③ 功能选择区。数字式兆欧表功能选择区各功能介绍如表4-3所示。

表4-3 数字式兆欧表功能选择区功能符号

开关位置	测量功能
	AC(交流)或DC(直流)电压,从0.1 V至600 V
	Ohms(欧姆),从0.01 Ω至20.00 kΩ
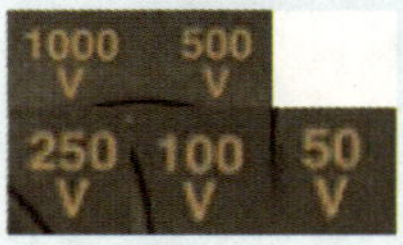	Ohms(欧姆),从0.01 MΩ至10.0 GΩ。利用50、100、250、500和1000 V执行绝缘测试

④ 线路连接区。数字式兆欧表的线路连接区由三个表笔插孔组成,分别为"COM"、"Ω"和"V绝缘"三个插孔,如图4-32所示。负极表笔始终置于"COM"插孔中,正极表笔则需要根据

测量工作类型在剩余两个插孔中切换;"Ω"为电阻测量的输入端子;"V 绝缘"为电压或绝缘测试的输入端子。

4. 使用方法

(1) 手摇式兆欧表。

① 校表。测量前应将绝缘表进行一次开路(图 4-33)和短路(图 4-34)实验,检查绝缘表是否良好。开路实验是将两连接线开路,摇动手柄,指针应指在"∞"处。短路实验是将两连接线短接,摇动手柄,指针应指在"0"处,符合上述条件者即良好,否则不能使用。

图 4-32 数字式兆欧表线路连接区

图 4-33 开路实验

图 4-34 短路实验

② 断开被测设备电源,对于大电容设备还要进行放电。

③ 选用电压等级符合的绝缘表。

④ 测量绝缘电阻时,一般只用"L"和"E"端,但在测量电缆对地的绝缘电阻或被测设备的漏电较严重时,就要使用"G"端,并将"G"端接屏蔽层或外壳。线路接好后,可按顺时针方

向转动摇把,摇动的速度应由慢而快,当转速达到120 r/min左右时(ZC-25型),保持匀速转动,1 min后读数,并且要边摇边读数,不能停下来读数。

⑤ 拆线放电。读数完毕,一边慢摇,一边拆线,然后将被测设备放电。放电方法是将测量时使用的地线从摇表上取下来与被测设备短接一下即可。

(2) 数字式兆欧表。

① 测量电压。将旋转开关旋至" V "。"COM"接负极,"V 绝缘"接正极进行电压测量,如图4-35所示。

② 测量电阻。电阻测试只能在不通电的电路上进行。要测量电阻,请按照图4-36所示设定测试仪并遵照下列步骤操作:

a. 将测试探头插入"Ω"和"COM"。

b. 将旋转开关旋转至" "位置。

c. 将测试探头的端部短接并按住" "直到显示屏出现短划线符号。测量仪测量探头的电阻,将读数保存在内存中,并将其从读数中减去;当测试仪在关闭状态时,仍会保存探头的电阻读数。如果探头电阻大于2Ω,则不会被保存。

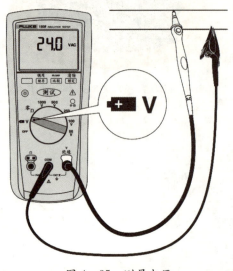

图4-35 测量电压

d. 将探头与待测电路连接。测试仪会自动检测电路是否通电。主显示位置显示"----",再按" 测试 ",此时将获得一个有效的电阻读数;如果电路中的电压超过2V(交流或直流),在主显示位置显示电压超过2V以上警告的同时,还会显示高压符号" "。在这种情况下,测试被禁止。在继续操作之前,先断开测试仪的连接并关闭电源。

e. 按住" 测试 "开始测试。显示屏的下端出现" "图标,直到释放" 测试 "。主显示位置显示电阻读数,直到开始新测试或选择了不同功能或量程。

当电阻超过最大显示量程时,测试仪显示">"符号以及当前量程的最大电阻。

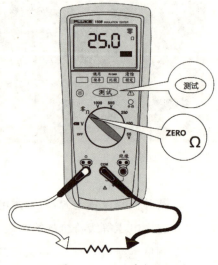

图4-36 测量电阻

③ 绝缘测验。

◆ 测量绝缘电阻

绝缘测试只能在不通电的电路上进行。要测量绝缘电阻，请按照图4-37所示设定测试仪并遵照下列步骤操作：

a. 将测试探头插入"V"和"COM"输入端子；

b. 将旋转开关旋至所需要的测试电压；

c. 将探头与待测电路连接。测试仪会自动检测电路是否通电。主显示位置显示"----"，再按"测试"，此时将获得一个有效的绝缘电阻读数；如果电路中的电压超过30 V（交流或直流），在主显示位置显示电压超过30 V以上警告的同时，还会显示高压符号" "。在这种情况下，测试被禁止。在继续操作之前，先断开测试仪的连接并关闭电源；

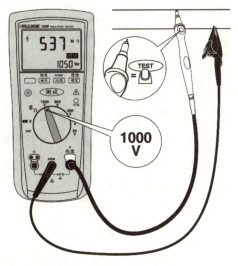

图4-37 测量绝缘电阻

d. 按住"测试"开始测试。辅显示位置上显示被测电路上所施加的测试电压。主显示位置上显示高压符号" "并以MΩ或GΩ为单位显示电阻。显示屏的下端出现" "图标，直到释放"测试"（当电阻超过最大显示量程时，测试仪显示">"符号以及当前量程的最大电阻）；

e. 继续将探头留在测试点上，然后释放"测试"。被测电路即开始通过测试仪放电。主显示位置显示电阻读数，直到开始新的测试或者选择了不同功能或量程，或者检测到了30 V以上的电压。

◆ 测量极化指数和介电吸收比

极化指数（PI）是测量开始10 min后的绝缘电阻与1 min后的绝缘电阻之间的比率。介电吸收比（DAR）是测量开始1 min后的绝缘电阻与30 s后的绝缘电阻之间的比率。

a. 将测试探头插入"V"和"COM"输入端；

b. 将旋转开关旋至所需要的测试电压位置；

c. 按" "选择极化指数或介电吸收比；

d. 将探头与待测电路连接，测试仪会自动检测电路是否通电：主显示位置显示"----"，再按"测试"，此时将获得一个有效的电阻读数；如果电路中的电压超过30 V（交流或直流),在主显示位置显示电压超过 30 V 以上警告的同时,还会显示高压符号"⚡"。在这种情况下,测试被禁止。在继续操作之前,先断开测试仪的连接并关闭电源;

e. 按下"测试"按钮开始测试。测试过程中,辅显示位置上显示被测电路上所施加的测试电压。主显示位置上显示高压符号"⚡"并以 MΩ 或 GΩ 为单位显示电阻。显示屏的下端出现""图标,直到测试结束(在测试完成时,主显示位置显示 PI 或 DAR 值。被测电路将自动通过测试仪放电。如果用于计算 PI 或 DAR 的值中任何一个大于最大显示量程,或者 1 min 值大于 500 MΩ,主显示位置将显示"Err"。当电阻超过最大显示量程时,测试仪显示">"符号以及当前量程的最大电阻)。

注意事项

◇ 如果想在 PI 或 DAR 测试完成之前结束测试,请按住测试按钮片刻,当释放测试按钮时,被测电路将自动通过测试仪放电。

(三)数字式电流钳

1. 作用及组成

数字式电流钳是一种可以在不把电线切断,不需串联在电路中的情况下进行电流检测的仪器。它由钳口、钳口扳、数字显示屏、电流互感器和功能转换开关组成,如图 4-38 所示。

数字式电流钳(表)的使用

图 4-38 数字电流钳组成

2. 使用方法

(1) 测量前机械调零。

(2) 选择合适的量程,先选大量程,后选小量程,或看铭牌值估算。

(3) 当使用最小量程测量,其读数还不明显时,可将被测导线绕几匝,匝数要以钳口中央的匝数为准,则读数=指示值×量程或满偏×匝数。

(4) 测量时,应使被测导线处在钳口的中央,并使钳口闭合紧密,以减少误差。

(5) 测量完毕,要将转换开关放在最大量程处。

 **实训技能**

新能源汽车绝缘工具的使用

实训目的

(1) 能准确使用万用表测量电路中的电阻。

(2) 能准确使用兆欧表测量电路中的电阻并且进行绝缘测试。

(3) 能准确使用数字电流钳测量电路中的电流。

实训要求

(1) 万用表使用方法正确,并在使用前规范校准万用表。

(2) 兆欧表使用方法正确,并在使用前规范校准兆欧表。

(3) 数字电流钳使用方法正确,并在使用前规范校准数字电流钳。

(4) 测量操作时动作规范标准,在测量时注意不能造成电路元器件及测量工具的损坏。

实训器材

(1) 工具准备:万用表、兆欧表、电流钳、高压防护装置,如图 4-39 所示。

(a) 万用表　　　　　　(b) 兆欧表　　　　　　(c) 电流钳

项目四 高压绝缘工具的认识与使用

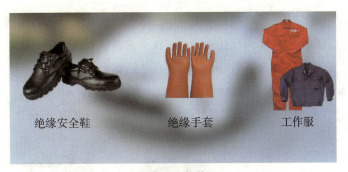

(d) 高压防护装置

图 4-39 工具准备

(2) 设备准备：电阻、比亚迪整车，如图 4-40 所示。

图 4-40 比亚迪·秦

操作步骤

1. 使用万用表测量电阻

(1) 根据电阻测量情况，量程旋钮打到"Ω"量程档适当位置，如图 4-41 所示。

图 4-41 选择合适档位

(2) 按照 LCD 输出端提示,将红色表笔插入"Ω"插孔,黑色表笔插入"COM"插孔。
(3) 校准。将红黑表笔探针相互接触,记住显示的测量误差值,如图 4-42 所示。
(4) 红色表笔探针搭在被测电阻一侧,黑色表笔搭在另一侧。
(5) 从 LCD 显示屏上直接读取被测电阻值,如图 4-43 所示。
(6) 将万用表旋转至"·)))"档位测量通断电阻,如图 4-44 所示。

图 4-42 校准　　　图 4-43 测量电阻　　　图 4-44 测量断电电阻

(7) 红色表笔探针搭在被测电阻一侧,黑色表笔搭在另一侧。
(8) 从 LCD 显示屏上直接读取被测电阻值。

注意事项

◇ 测量电阻时必须断开电路电源,否则可能会损坏电路或万用表;
◇ 如果被测电阻开路或阻值超过仪表最大量程时,显示屏将显示"1";
◇ 在低阻测量时,表笔会有约 0.1~0.2Ω 的测量误差,为获得精确读数,应首先短路表笔,记住短路显示数值,在测量结果中减去表笔短路显示值,才能确保测量精确;
◇ 当电阻值≤10Ω 时,蜂鸣器会连续响起,认为电路良好导通;当电阻值 10~100Ω 时,蜂鸣器可能会响起或不响;当电阻值>100kΩ 时,视为断路,蜂鸣器不会响起。

2. 使用数字式兆欧表测量电阻

(1) 根据电阻测量情况,量程旋钮打到"Ω"量程挡适当位置。
(2) 将红色表笔插入"Ω"插孔,黑色表笔插入"COM"插孔。

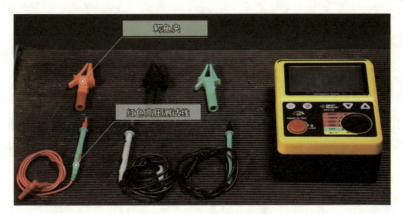

数字兆欧表的使用

图4-45 数字兆欧表的使用

（3）校准。将红黑表笔探针相互接触，并按住功能选择键直到出现"----"，记住显示的测量误差值。

（4）检测电路是否通电。将红黑表笔与待测电路相连，当主显示屏出现"----"后再按测试按钮，读取电阻读数。

（5）测量电阻。按住测试按钮，当显示屏下端出现"测试"图标后放开测试按钮，记录电阻数。

注意事项

◇ 测量电阻时必须断开电路电源，否则可能会损坏电路或数字兆欧表；

◇ 校准时，如果探头电阻大于2Ω测试仪将不会保存电阻数；

◇ 测试通断时，如果电路中的电压超过2V，主显示位置会显示相应的警告并且会显示高压符号；这种情况下测试被禁止；继续操作前先断开测试仪的连接并关闭电源；

◇ 当电阻超过最大显示量程时，测试仪显示">"及当前量程的最大电阻。

3. 使用数字式兆欧表测动力电池绝缘

（1）连接动力电池插接器适配器。
（2）断开动力电池插接器。
（3）使用兆欧表。
（4）断开动力电池高压线束。

(5) 使用数字兆欧表黑表笔连接车身。

(6) 使用数字兆欧表红表笔逐个连接动力电池正负极输出端子,读取电阻值。

◇ 标准电阻值：大于 20 MΩ,若测量值与标准值不符合,则说明该线路断路损坏。

4. 使用数字电流钳测量电流

(1) 测量前机械调零。

(2) 根据电流测量情况选择合适的量程。

(3) 将被测导线夹在电流钳中间,钳口闭合,读取电流值。

(4) 测量完毕后将转换开关调至最大量程处。

思考与练习

一、判断题

1. 新能源汽车绝缘工具类型包括拆装工具和检测仪表。（   ）
2. 检测仪表能够用来确定被测变量的量值变化或量值特性、状态和成分。（   ）
3. 绝缘拆装工具不使用绝缘柄也可以。（   ）
4. 活动扳手特别适用于拧转位置十分狭小或凹陷很深处的螺栓或螺母。（   ）
5. 扭力扳手在拧转螺栓或螺母时,能显示出所施加的扭矩。（   ）
6. 螺钉旋具一般按旋杆顶端的刀口形状分为一字型、十字型、六角型和花型等数种,其中以一字型和六角型最为常用。（   ）

二、单选题

1. 绝缘拆装工具主要有(   )。
    A. 扳手类　　　　　　　　　　B. 螺钉旋具
    C. 手锤、手钳类　　　　　　　D. 锉刀

2. (   )是指一端或两端制有固定尺寸的开口,用以拧转一定尺寸的螺母或螺栓。
    A. 活动扳手　　　　　　　　　B. 扭力扳手
    C. 梅花扳手　　　　　　　　　D. 开口扳手

3. 数字万用表上"2 000 μF"是指(　　)。
   A. 电池测量　　　　　　　　　　　B. 电路通断测量
   C. 电容测量　　　　　　　　　　　D. 逻辑电平测量
4. (　　)是指电路通断测量。
   A. hFE　　　　B. •)))　　　　C. A∼　　　　D. V∼

学习小结

1. 新能源汽车绝缘工具类型包括拆装工具和检测仪表。绝缘拆装工具主要有扳手类、螺钉旋具类、手锤、手钳类、绝缘剥线钳以及绝缘电工脱皮刀；检测仪表主要有数字式万用表、兆欧表以及数字式电流钳。
2. 扳手类工具主要有开口扳手、梅花扳手、套筒扳手、活动扳手、扭力扳手以及内六角扳手。
3. 数字万用表主要由 LCD 显示屏、按键控制区、功能选择区和线路连接区组成，可以用来测量电压、电流、电阻、二极管和晶体管。
4. 兆欧表分为数字式和手摇式两种。手摇式兆欧表由手摇发电机、表头和三个接线柱组成；数字式兆欧表由液晶显示屏、按键控制区、功能选择区和线路连接区组成。数字式兆欧表可以用来测量电压、电流以及绝缘测验；要依据不同的测量情况选择不同的功能按钮和档位。
5. 数字电流钳是一种可以夹住电线，在不把电线切断的情况下进行电流检测的仪器。测量时要选择合适量程，测量完毕后将转换开关放在最大量程处。

项目五　新能源汽车高压安全操作规范

项目描述

　　新能源汽车,不管是纯电动汽车还是混合动力汽车,都带有高压电,有的甚至可达 600 V 以上,远远超出人体安全电压。因而,在考虑新能源汽车给社会带来环保效益的同时,高压安全问题决不可忽视,尤其是维修人员等直接操作者的安全问题,所以维修人员必须经过专业的高压安全培训,熟知高压安全操作规范,才能对新能源汽车进行维修。

　　本项目主要介绍新能源汽车高压安全操作的相关规范。

学习目标

1. 正确描述新能源汽车维修对硬件设施和维修人员的要求；
2. 正确阐述新能源汽车高压电气维修时的安全操作规范；
3. 正确完成北汽 EV160 高压安全的防护操作；
4. 能正确完成比亚迪·秦高压安全的防护操作。

知识准备

一、新能源汽车维修硬件设施及人员要求

（一）维修车间要求

新能源汽车维修车间有高压电安全风险，必须加强安全管理，杜绝高压安全事故的发生。

1. 场地与设施要求

工作环境的好坏将直接影响是否发生事故，新能源汽车维修车间的场地与设施比普通汽车维修车间要求要高，如图 5-1 所示。

图 5-1 维修车间

（1）使用面积。

高压维修车间的面积应根据实际要求确定，并符合国家相关规定。

(2) 采光。

明亮的车间可以让车辆维护人员能够更加清晰地观察到周围的部件及物体,避免因为视线不佳意外触碰到高压而发生危险,同时也能够有利于其他人员及时观察到可能存在的隐患。

维修车间的采光应按照 GB 50033—2013 的有关规定。采光设计应注意光电方向性,应避免对工作产生遮挡和不利的阴影。对于需要识别颜色的场所,应采用不改变自然光光色的采光材料。

(3) 照明。

当天然光线不足时,应配置人工照明,人工照明光源应选择接近天然光色温的光源。维修车间的照明要求应符合 GB 50034—2013 的有关规定。进行精细操作(如:划线、金属精加工、间隙调整等)工作台、仪器、设备等的工作区域的照度不应低于 500 lx。照度不足时应增加局部补充照明,补充照明不应产生有害眩光。

(4) 干燥。

干燥,是为了降低维护区域人员的触电风险。因为当湿度增加时,人体和空气的绝缘电阻就会减小,那么在相同的电压下,人体触电的风险也就增加了。因此高压车间必须保持干燥。

(5) 通风。

通风,有利于在维护车辆器件时产生的有害物排出,并在发生触电事故的情况下,通风的环境能够更加有利于伤者呼吸到更多的氧气。

通风应符合 GB 50016—2014 和工业企业通风的有关要求。

(6) 防火。

防火,防止发生火灾。应符合 GB50016—2014 有关厂房、仓库防火的规定以及 GB50067—2014 的有关规定。维修车间内要保持环境清洁,各种物料远离热源,不得私接乱拉电源、电线,注意室内通风,并保持车间内防火通道的畅通。在维修车间内,消防器材及设施必须由专人负责,定点放置,定期检查,保证完好,随时可用。每次维修作业结束后,应检查车间内所有的阀门、开关、电源是否断开,确认安全无误后方可离开。

(7) 卫生。

卫生应符合 GBZ 1—2010、GB/T 12801—2008 的有关要求。维修车间要保持整洁、干净、有序。在维修车间内,员工随时对自己负责区域进行日常清洁、整理归位;维修车间负责人指挥、协调、监督,并进行检查和考核。

2. 维修工位布置

高压维修工位的布置应满足以下要求:

(1) 专用的维修工位。

(2) 清洁,干燥,通风良好。

(3) 维修作业前请设置安全隔离警示。
(4) 维修工位上必须配有防护用品。
(5) 避免无关人员靠近。

3. 车间安全管理

新能源汽车专用车间安全管理,除了普通车间的安全要求外,必须注意以下事项:
(1) 放置安全警示标志。

图 5-2　比亚迪·秦维修工位安全警示标志

安全标志应符合 GB 2894—2008、GB 2893—2008 的有关要求。此外,对于高电压车辆的维护所使用的维护工位很多厂商有特别的要求,例如比亚迪汽车要求维修其新能源汽车必须具有单独的维修工位,该工位的设备采用特殊的颜色以与其他工位进行区别,如图 5-2 所示。

当工位上有高电压车辆进行维修时,要求在工位周围必须设置有明显的警示标识,避免他人未经允许进入高电压工位而发生危险,如图 5-3 所示。

图 5-3　高压安全标识

（2）车辆焊接维修。

① 首先要切断低压电源和动力电池插头。

② 操作人员要具备特种作业操作证。

③ 清理周围易燃物品，并申请动火证。

④ 做好车身的保护，预防火星飞溅及着火。

⑤ 严格按照焊接工艺进行操作。

（3）灭火器的使用和检查。

① 火灾发生将产生不可估量的危害，因此必须预防车辆自燃等火灾的发生，及时处理机舱内的油污、插接件松动或线束老化等隐患。

② 火灾发生后不要惊慌，要及时采取正确的方法来灭火，将火灾消灭在萌芽状态。首先要切断电源，所有人员立即离开车辆并站在远离车辆的上风。

③ 经常检查车上的灭火器是否在固定的位置，是否在有效器内。要充分了解车上灭火器的性质和正确使用方法。在采取救火措施的同时立刻报警。

④ 常用的车载灭火器都是干粉的，以高压为动力，由喷射桶内的干粉进行灭火。灭火时手提干粉灭火器快速奔赴火点，在距离燃烧处1m左右，先将开启把上的保险销拔下，然后将喷嘴部迅速对准火焰的根部扫射灭火。当干粉喷射出后，手始终压下手柄不能放开，否则会中断喷射。应选择站在上风方向喷射，如图5-4所示。

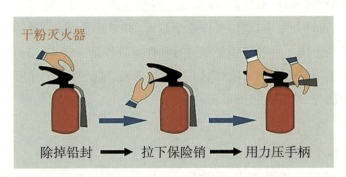

图5-4 干粉灭火器使用方法

⑤ 当电动车发生火灾时，最有效的灭火方式是采用大量的水灭火。因为电动车起火多为电路短路起火，这种情况下为了保证人员安全，使用水基灭火器可以快速对短路产生的热量降温，使电能耗尽以达到有效灭火。

（4）应遵循维修场地的要求。

为避免发生危险或造成损坏，车辆的停放位置必须干净、干燥、无油脂，且不会接触到飞溅的火星，要避免与车辆清洁和其他车辆维修工位过近。

（二）维修人员

电动汽车维修操作人员必须持证上岗，并经过培训，才能进行操作。

（1）具备国家安监局颁发的《特种作业操作证（低压电工证）》，如图5-5所示。

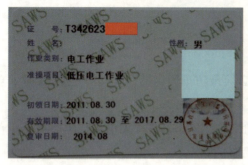 

图5-5 低压电工证

（2）必须经过相关新能源技术有限公司新车型培训，并通过考核。

二、新能源汽车高压电气维修操作规范

1. 维修操作要求

高压电气部件的维护和检修作业，建议设立专职监护人。由监护人监督工、量具设备的检查，劳保用品等是否符合要求，也监督作业全过程，并对作业结果进行检查，指挥供电。监护人和操作人要持证上岗。一般来说要持有特种作业操作证——电工作业低压电工作业证。

操作人员上岗不得佩戴金属饰物（例如：戒指、手表、项链等），工作服衣袋内不得有金属物件（例如钥匙、金属壳、笔、手机、硬币等）。

2. 作业前检查

（1）检查现场环境，设置隔离，设立警示标识。

检查并确认现场操作环境，周边不得有易燃物品及与工作无关的金属物品，并在维修车辆周围设置隔离，无关人员不得进入现场。与工作无关的工具不得带入工作场地，必须使用的金属工具，手持部分要作绝缘处理。在地面或车辆附近明显位置放置"高压危险"警示牌。

（2）检查高压防护用具。

① 绝缘手套。选择正确电压等级的绝缘手套（绝缘等级为1000V/300A以上）。观察绝缘手套的表面是否平滑，应无针孔、裂纹、砂眼、杂质等各种明显的缺陷和明显的波纹，如图5-6所示。观察绝缘手套是否出现粘连的现象，绝缘手套有无漏气现象，如图5-7所示。

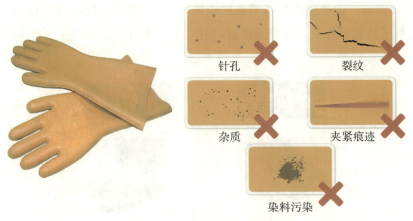

图 5-6 绝缘手套外观检查

外观检查

（a）确认有无黏连　　　　　　（b）确认有无漏气

图 5-7 绝缘手套性能检查

性能检查

② 绝缘帽。选择正确电压等级的安全绝缘帽，观察绝缘表面有无破损，监督人员和操作人员戴好绝缘帽，如图 5-8 所示。

图 5-8 检查有无破损

绝缘帽检查

③ 绝缘鞋。选择正确电压等级的绝缘鞋。检查绝缘鞋的表面及鞋底有无破损。监督人员和操作人员穿好绝缘鞋,如图5-9所示。

绝缘鞋选择

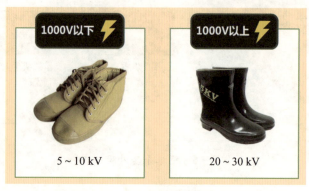
(a) 选择正确等级

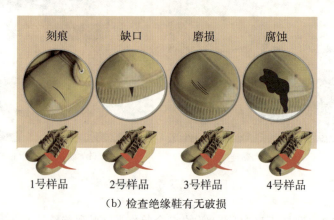
(b) 检查绝缘鞋有无破损

图5-9 绝缘鞋选择

④ 护目镜。选择正确电压等级的护目镜。观察护目镜镜面有无破损、刮花。护目镜的宽窄和大小要适合使用者的脸型。监督人员和操作人员戴好护目镜。

⑤ 绝缘垫。要检查绝缘防护垫表面有无裂痕、砂眼、老化等现象,放置绝缘垫并用兆欧表检测绝缘性能,绝缘值大于500 MΩ。

(3) 检查高压测量工具。

① 检查万用表。万用表线束和表面应无破损,然后进行校零,如图5-10(a)所示。

② 检查兆欧表。通常检查绝缘的工具有绝缘测试仪(兆欧表)。绝缘测试仪有数字式和指针式两种,现在一般使用数字式兆欧表。兆欧表线束和表面应无破损。戴好绝缘手套,然后进行放电,检查兆欧表性能。

绝缘测试只能在不通电的电路上进行,如图 5-10(b)所示。

(a) 万用表　　　　(b) 兆欧表

图 5-10　高压检测仪器、仪表

3. 关闭电源开关,钥匙放在安全处

关闭车辆点火开关,拔出钥匙并放置在安全位置,如图 5-11 所示。

图 5-11　关闭电源开关

关闭点火开关

4. 断开低压蓄电池负极线

断开低压蓄电池负极线,负极电缆接头用绝缘胶布包好。蓄电池负极桩头用盖子盖好或用绝缘胶布包好,如图 5-12 所示。

动力电池继电器由低压蓄电池供电,当低压蓄电池负极电缆断开后,动力电池继电器将无法正常工作。

断开蓄电池
负极电缆

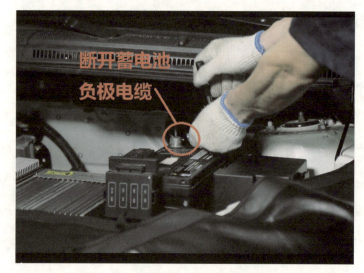

图 5-12　断开 12 V 蓄电池负极电缆

5. 断开维修开关并妥善保管

一般来说,新能源汽车设置有维修开关,断开维修开关才可对新能源汽车进行维修。断开维修开关时需要穿戴好绝缘防护用品,并用盖子将接口封好或用绝缘胶布将维修开关接口封好。放置车辆 5～10 min(不同厂家有不同要求),对新能源汽车的高压电容器进行放电。

断开维修开关是为了断开电池组之间连接,进一步降低高压,如图 5-13 所示。

断开维修开关

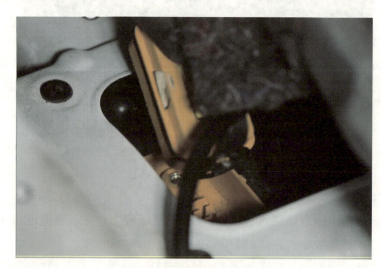

图 5-13　拔出维修开关

6. 断开动力蓄电池高低压线束

穿戴好绝缘防护品,先断开动力蓄电池低压线束,再断开高压线束(母线)。例如,对于北汽新能源汽车 EV200 来说,断开低压线束后,可以分三步将高压线束断开。①将红色的卡子向车辆前方扳动;②将灰色套子向下按并向前部扳动;③将灰色卡子向内用力按住,然后将线束向车辆前方拔出,如图 5-14 所示。

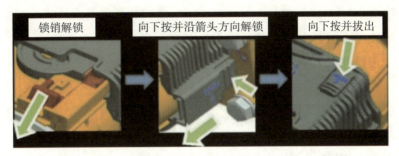

图 5-14 断开动力蓄电池高压线束插头

7. 放电、验电

断开动力蓄电池母线后,等待约 5~10 min,进行放电操作,使用验电设备(如万用表)进行验电,如图 5-15 所示,确保动力蓄电池母线无电。

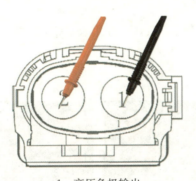

1　高压负极输出
2　高压正极输出
图 5-15　验电

注意事项

◇ 在测量时应注意将万用表旋至 1000 V 直流电压挡。
◇ 测量过后如有电则进行放电或继续放置一段时间再测;若无电压则立即安装恢复或者用绝缘胶带缠绕。

 **实训技能**

北汽 EV160 高压安全防护的操作规范

实训目的

(1) 能正确使用新能源汽车专用工具。
(2) 能正确进行北汽 EV160 高压安全防护的操作。

实训要求

(1) 工具使用合理，操作标准规范。
(2) 拆装操作流程规范。
(3) 正确使用高压防护工具。
(4) 做好高压线插接头绝缘处理。
(5) 操作完毕后需按照 5S 标准整理设备与场地。

实训器材

(1) 工具准备：新能源汽车专用工具、万用表、高压防护用具、三件套、翼子板布及前格栅布，如图 5-16 所示。

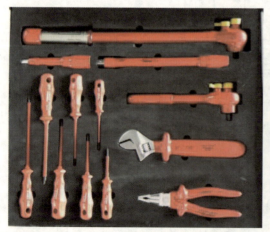
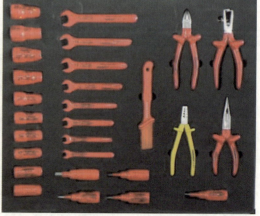

(a) 绝缘工具一套

(b) 万用表

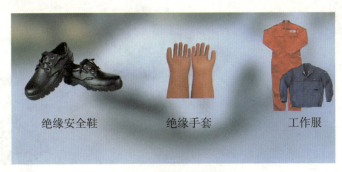

(c) 高压防护套装

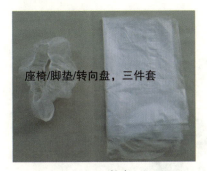

(d) 三件套

(e) 翼子板布及前格栅布

图 5-16 实训器材

(2) 设备准备：北汽 EV160 一辆，如图 5-17 所示。

图 5-17 北汽 EV160

操作步骤

1. 车辆准备

(1) 将车辆停至指定工位，挡位旋至 N 位，拉驻车制动杆，关闭点火开关并拔下钥匙，如图 5-18 所示。

EV160 高压安全
防护的规范操作

图 5-18　挂 N 位，拉驻车制动杆

（2）放置车轮挡块，如图 5-19 所示。

图 5-19　放置车轮挡块

（3）安装座椅、转向盘、脚垫三件套，如图 5-20 所示。

图 5-20　安装"三件套"

(4) 打开前舱盖,安装翼子板布及前格栅布,如图5-21所示。

图5-21　安装翼子板布和前格栅布

(5) 在工位旁放置高压安全警示标识。

2. 人员防护

穿上高压防护用具,如图5-22所示。

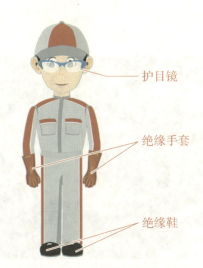

图5-22　穿戴高压防护用具

3. 断电操作

(1) 断开低压蓄电池负极电缆。

使用工具拆下12 V蓄电池负极电缆(使用绝缘胶带包扎蓄电池负极柱及负极电缆接头),如图5-23所示。

图 5-23　断开 12V 蓄电池负极电缆

（2）断开维修开关。

目前市面上的北汽 EV160 有两种,一种是带有专门维修开关的分体式高压系统的 EV160,另一种是无维修开关的 PDU 集成式高压系统的 EV160。两者的断电操作会不一样,下面将分别进行介绍。

① 分体式高压系统的 EV160。

a. 拆下后座椅座垫,如图 5-24 所示。

图 5-24　拆下后座椅垫

b. 掀开后部脚垫,如图 5-25 所示。

c. 使用工具拆下维修开关槽盖板,如图 5-26 所示。

d. 拔出维修开关(见图 5-27),并将维修开关放入口袋,然后将维修开关槽用绝缘胶带封住,如图 5-28 所示。

项目五　新能源汽车高压安全操作规范

图 5-25　掀开后部脚垫

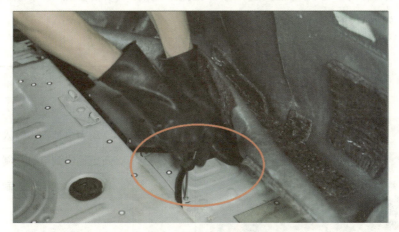

图 5-26　拆开维修开关槽盖板

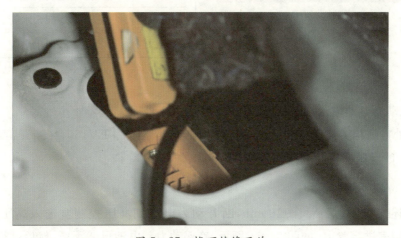

图 5-27　拔下维修开关

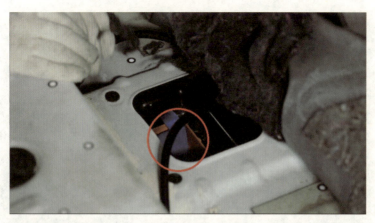

图 5-28 用绝缘胶带封住维修开关槽

注意:拆维修开关时,先向上挑起维修开关把手上的红色保险,然后向上拉把手。

② PDU 集成式高压系统的 EV160。

a. 拆下 PDU 低压插头,如图所示"5-低压控制"插头,如图 5-29 所示。

序号	名称
1	动力电池高压输入正极
2	动力电池高压输入负极
3	高压输出到电机控制器正极
4	高压输出到电机控制器负极
5	低压控制
6	PTC 高压输出
7	充电机高压输入
8	冷却入水管
9	冷却出水管

图 5-29 PDU 插头示意图

b. 拆下动力电池输入插头,如图 5-29 所示 1、2 号插头。

注:此处查阅相关技术资料说明,对于 PDU 高压系统的 EV160,在断开蓄电池负极后,还需断开 PDU 低压插头及高压输入线束。

4. 放电、验电

完成上述操作后,等待 5~10 min,断开动力电池到高压控制盒输入高压母线(图 5-30),使用万用表进行验电,如图 5-31 所示,确保动力蓄电池母线无电,然后进行后续操作。

图 5-30 动力电池电缆至高压控制盒接头位置

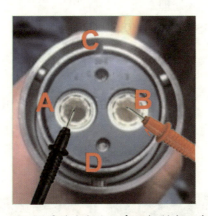

图 5-31 测量动力电池至高压控制盒母线插头

◇ 放电是为了使高压部件内部的高压电容将剩余电量完全释放,以免在操作时因电容携带高压电而造成触电事故。

比亚迪·秦高压安全防护的操作规范

实训目的
(1) 能正确使用新能源汽车专用工具。
(2) 能正确进行比亚迪·秦高压安全防护的操作。

实训要求
(1) 工具使用合理,操作标准规范。
(2) 拆装操作流程规范。
(3) 正确使用高压防护工具。
(4) 做好高压线插接头绝缘处理。
(5) 操作完毕后需按照 5S 标准整理设备与场地。

实训器材
(1) 工具准备:新能源汽车专用工具、万用表、高压防护用具、三件套、翼子板布及前格栅布,如图 5-32 所示。

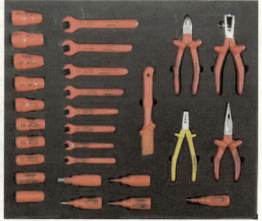

(a) 绝缘工具一套

(b) 万用表

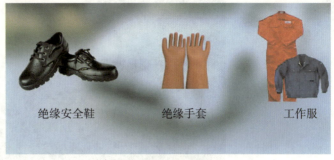
(c) 高压防护套装

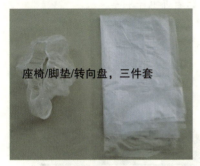
(d) 三件套

(e) 翼子板布及前格栅布

图 5-32　各种实训器材

（2）车辆准备：比亚迪·秦一辆，如图 5-33 所示。

图 5-33　比亚迪·秦

操作步骤

1. 车辆准备

（1）将车辆停至指定工位，挡位调至 N 位，打开电子驻车，关闭点火开关并拔下钥匙，如图 5-34 所示。

高压安全的规范
操作(比亚迪·秦)

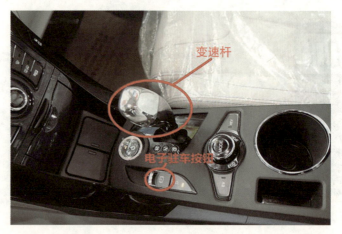

图 5-34　挂 N 位,打开电子驻车

(2) 放置车轮挡块,如图 5-35 所示。

图 5-35　放置车轮挡块

(3) 安装座椅、转向盘、脚垫三件套,如图 5-36 所示。

图 5-36　安装"三件套"

(4) 打开前舱盖,安装翼子板布及前格栅布,如图 5-37 所示。

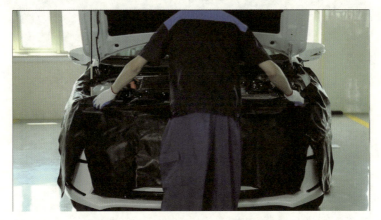

图 5-37 安装翼子板布和前格栅布

(5) 在工位旁放置高压安全警示标识。

2. 人员防护

穿上高压防护用具,如图 5-38 所示。

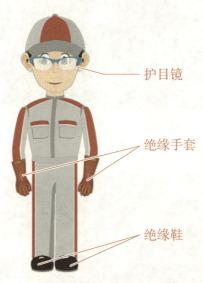

图 5-38 穿戴高压防护用具

3. 断电操作

(1) 使用工具拆下 12 V 蓄电池负极电缆(使用绝缘胶带包扎蓄电池负极柱及负极电缆接头),如图 5-39 所示。

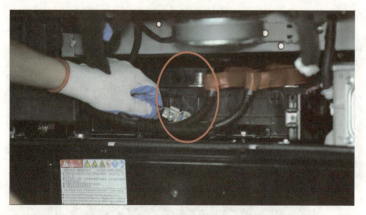

图 5-39　断开 12 V 蓄电池负极电缆

(2) 拆除后排座椅座垫及靠背,如图 5-40 和图 5-41 所示。

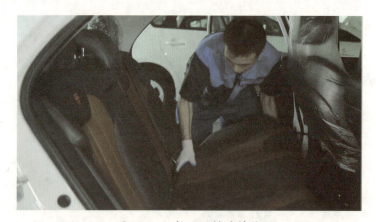

图 5-40　拆下后排座椅垫

图 5-41　拆下后排座椅靠背

(3) 拔出维修开关,并用绝缘胶带封住维修开关槽,如图 5-42 和图 5-43 所示。

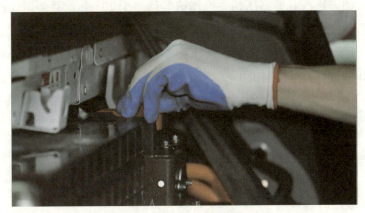

图 5-42 拔出维修开关

图 5-43 用绝缘胶带封住维修开关槽

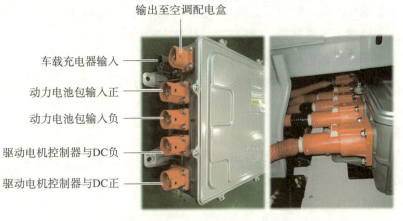

图 5-44 高压控制盒动力电池包输入母线(正、负)位置。

4. 放电、验电

高压断开后,如需进行其他高压相关操作请等待至少 10 min。并使用仪器测量高压母线接头,确保高压器件完全放电。

如图 5-44 所示,断开动力电池输入高压控制盒线束,并使用万用表测量电压。确保动力蓄电池母线无电后进行后续操作。

注意事项

◇ 放电是为了使高压部件内部的高压电容将剩余电量完全释放,以免在操作时因电容携带高压电而造成触电事故。

◇ 测量时将万用表调至 1000 V 直流电压档。

◇ 测量时,红表笔接动力电池包输入正高压电缆接头,黑表笔接动力电池包输入负高压电缆接头。

◇ 测量后如有电压,可进行放电操作或等待一段时间后再次测量,确保高压母线无电。

思考与练习

一、判断题

1. 新能源车辆在维修时,应该在工位上放置高压安全标识。( )
2. 绝缘测试可以在通电的电路上进行。( )
3. 电动汽车维修操作人员必须持证上岗,并经过培训,才能进行操作。( )
4. 拆下的高压部件插头不需要用绝缘胶布进行缠绕包扎。( )
5. 操作人员上岗不得佩戴金属饰物,工作服衣袋内不得有金属物件。( )
6. 具有汽车维修工证书的人员,可对电动汽车进行维修操作。( )

二、单选题

1. 用兆欧表检测绝缘垫绝缘性能,绝缘值应大于( )。
   A. 300 MΩ　　B. 400 MΩ　　C. 500 MΩ　　D. 800 MΩ
2. 使用干粉灭火器灭火时,应距离燃烧处( )左右。
   A. 0.5 m　　B. 1 m　　C. 1.5 m　　D. 2 m

3. 断开维修开关后,一般等待(　　),对高压电容进行放电。

   A. 5～10 min　　　B. 3～5 min　　　C. 2～4 min　　　D. 4～6 min

4. 在对新能源汽车进行维修时至少需要(　　)人一起操作。

   A. 2　　　　　　　B. 3　　　　　　　C. 4　　　　　　　D. 无所谓

学习小结

1. 在对新能源车辆进行维修时,需要先断开蓄电池负极电缆,再断开维修开关。
2. 新能源汽车维修使用的仪器设备必须做好检测,确保正常方可使用。
3. 高压安全防护必须遵循以下五条规定:

   (1) 断开。

   (2) 防止重新接通。

   (3) 确定处于无电压状态。

   (4) 接地和短路。

   (5) 遮盖或阻隔相邻的带电部件。
4. 新能源汽车高压维修操作人员上岗不得佩戴金属饰物(例如:戒指、手表、项链等),工作服衣袋内不得有金属物件(例如钥匙、金属壳、笔、手机、硬币等)。
5. 在进行新能源汽车高压维修操作时,至少需要两名人员,一人负责维修,一人负责监督。

项目六 触电急救处理

项目描述

新能源汽车有高电压,如果工作人员没有正确认识新能源汽车具有的高压电防范风险,在检查、维修过程中的操作不符合安全操作规范的话会导致严重的高压电伤害。因此,掌握人身触电的安全防护知识、预防人身触电就成为生产、维修人员必需的知识、技能之一。

本项目主要介绍人体安全电压、高压电对人体的伤害、交流与直流触电伤害、人体触电方式以及急救处理流程,希望通过本项目的学习,学生能够掌握人体触电防护的知识,并能在紧急情况下做好急救处理。

1. 描述出人体安全电压的范围值；
2. 列举高压电造成人体触电及对人体伤害的形式；
3. 正确描述出触电急救处理的基本流程；
4. 正确、及时进行触电事故的处理与急救。

一、高电压与人体伤害

（一）人体安全电压

人是导体，人体触及带电体时，人体两端有电压，人体中就有电流通过。电流对人体的危险性与电流大小、通电时间的长短等因素有关系。人体安全电压是指为了防止触电事故而由特定电源供电所采用的电压系列，是不使人直接致死或致残的电压。根据行业规定安全电压不高于 36 V，持续接触安全电压为 24 V，安全电流为 10 mA。电击对人体的危害程度，主要取决于通过人体电流的大小和通电时间长短。电流越大，致命危险越大；持续时间越长，死亡的可能性越大。

实际上在采用高压电源的新能源汽车中，36 V 的电压值并不科学。因为人体电阻加上人体以外的衣服、鞋、裤等电阻可以达到 5 000 Ω，但是人体电阻会存在个体差异性，例如胖瘦、男女等，电阻值都会不一样，如图 6-1 所示。另一方面，人所处的工作环境，也会导致人体的电阻值发生变化，如表 6-1 所示。例如在潮湿的夏天和干燥的冬天，人体表现的电阻就不一样。干燥的环境下，人体安全电压规定为 24 V；潮湿的环境下，人体安全电压规定为 12 V。环境越潮湿，人体的电阻就会越小。此外，还需要注意的是每个人对电流流过身体的反应也不一样，有一部分人可能能够承受更大的电流。

（二）高压电对人体伤害的形式

能够最终对人体产生伤害的是电流，电流对人体的伤害有三种形式：电击、电伤和电磁场伤害，如图 6-2 所示。

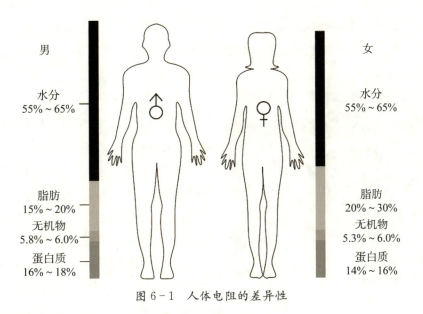

图 6-1 人体电阻的差异性

表 6-1 不同条件下的人体电阻

接触电压/kV	人体电阻/Ω			
	皮肤干燥	皮肤潮湿	皮肤湿润	皮肤浸入水中
10	7 000	3 500	1 200	600
25	5 000	2 500	1 000	500
50	4 000	2 000	875	440
100	3 000	1 500	770	375
250	1 500	1 000	650	325

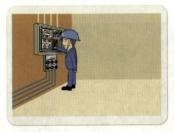
(a) 电击

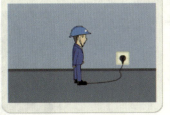
(b) 电伤

(c) 电磁场伤害

电流对人体的伤害类型

图 6-2 电流对人体的伤害类型

1. 电击

(1) 概念。

电击是指电流流经人体内部,引起疼痛发麻、肌肉抽搐,严重的还会引起强烈痉挛、心室颤动或呼吸停止,甚至由于因人体心脏、呼吸系统以及神经系统的致命伤害,造成死亡。绝大部分触电死亡事故是电击造成的(相当于人成为了用电器)。

(2)类型。

电击

图6-3 电击效应伤害

① 电击效应。电流低于导通限值时,会有相应的电击反应,从而容易因肢体不受控制和失去平衡而导致受伤,如图6-3所示。

② 热效应。电流导入导出点处会产生热效应,引起的温度升高会发生烧伤和焦化,也会发生内部烧伤。这会导致肾脏负荷过大,甚至造成致命的伤害。

③ 化学效应。血液和细胞液成为电解液并被电解。这会发生严重的中毒,中毒情况在几天后才能被发现,因此伤害极大。

④ 肌肉刺激效应。所有的身体功能和人体肌肉运动都是由大脑通过神经系统的电刺激来控制的。如果通过人体的电流过高,肌肉开始抽搐,大脑再也无法控制肌肉组织。后果:例如握紧的拳头再也无法打开或者移动。如果电流经过了胸腔,肺会产生痉挛(呼吸停止),心脏的跳动节奏会被中断(心室纤维化颤动,无法进行心脏的收缩扩张运动)。

⑤ 发生静态短路的热效应。工具急剧发热,会导致材料熔化,从而可能发生烧伤事故。

⑥ 由于短路引起火花。金属很快熔化,产生飞溅的火花,飞溅出来的金属颗粒温度超过5000℃,可能引起烧伤以及严重伤害眼睛。

⑦ 带电高压线路接通和断开时所产生的弧光(图6-4),光辐射可能造成电光性眼炎。

2. 电伤

(1)概念。

电伤(图6-5)是指触电时,人体与带电体接触不良部分发生的电弧灼伤,或者是人体与带电体接触部分的电熔印,又由于被电流熔化和蒸发的金属微粒等侵入人体皮肤引起皮肤金属化。这些伤害会

图6-4 高压击穿空气产生电弧

给人体留下伤痕,严重时也可能致人死亡。电伤通常是由电流的热效应、化学效应或机械效应造成的(相当于人被烙铁烙了,或者被大量微小的弹片击中嵌入肉里)。

(2) 类型。

电伤可以分为电灼伤、电烙印、皮肤金属化、电光眼和机械性损伤五种。

① 电灼伤。电灼伤是由电流热效应产生的电伤,分为电流灼伤和电弧灼伤。

图 6-5 电伤

电伤

电流灼伤是指人体与带电体接触,电流通过人体时电能转换成热能造成的伤害;电弧灼伤是指由弧光放电造成的烧伤,分为直接电弧烧伤和间接电弧烧伤。

电灼伤的后果是皮肤发红、起泡、组织烧焦并坏死、肌肉和神经坏死、骨骼受伤。

② 电烙印。因电流的化学效应和机械效应作用,接触部分的皮肤会变硬并形成印痕。

③ 皮肤金属化。在电流的作用下,产生的高温电弧使周围的金属熔化、蒸发成金属微粒并飞溅渗入到人体皮肤表层,使皮肤变得粗糙、硬化并呈现一定的颜色。

渗入的金属不同,皮肤呈现颜色不同:铅呈灰黄色、紫铜呈绿色、黄铜呈蓝绿色。

④ 电光眼。发生弧光放电时,由红外线、可见光、紫外线对眼睛的伤害。表现为眼角膜和结膜发炎。

⑤ 机械损伤。电流作用于人体时,由于中枢神经反射和肌肉强烈收缩等导致的机体组织断裂、关节脱位及骨折等伤害。

3. 电磁场生理伤害

电磁场生理伤害是指在高频磁场的作用下,人会出现头晕、乏力、记忆力减退、失眠、多梦等神经系统的症状。

一般认为,电流通过人体的心脏、肺部和中枢神经系统的危险性较大,特别是电流通过心脏时,危险性最大。所以从手到脚的电流途径最为危险。因为沿该条途径有较多的电流通过心脏、肺部等重要器官;其次是从一只手到另一只手的电流途径,如图 6-6 所示。

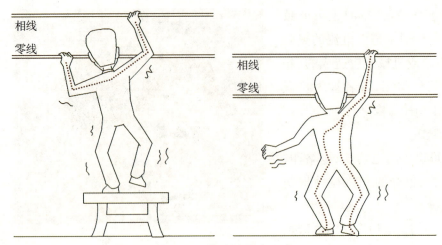

图 6-6 危险的触电方式

(三) 交流与直流触电伤害

直流与交流电压都会对人体产生伤害,但是交流电压对人体伤害的阈值却只有直流电压的 50%。也就是说,当人体接触到 25 V 以上的交流电,或 60 V 以上的直流电时,人体就有可能会发生触电事故。交流电压在人体内产生交流电,会触发肌肉组织和心脏产生颤动。交流电压的频率越低,危险性越高。交流电会触发心室纤维性颤动,如果不进行急救很快就会致命。不同直、交流电下人体会有不同的反应,具体如表 6-2 所示。

表 6-2 不同交、直流电下的人体反应

电流/mA	50 Hz 交流电	直流电
0.6~1.5	手指开始感觉发麻	无感觉
2~3	手指感觉强烈发麻	无感觉
5~7	手指肌肉感觉痉挛	手指感觉灼热和刺痛
8~10	手指关节与手掌感觉痛,手已难以脱离电源,但尚能摆脱电源	灼热感增加
20~25	手指感觉剧痛,迅速麻痹,不能摆脱电源,呼吸困难	灼热更增,手的肌肉开始痉挛
50~80	呼吸麻痹,心房开始震颤	强烈灼痛,手的肌肉痉挛,呼吸困难
90~100	呼吸麻痹,持续 3 min 后或更长时间后,心脏麻痹或心房停止跳动	呼吸麻痹

二、人体触电方式

人体的触电方式可以分为直接接触触电、间接接触触电和接触电压触电三种方式。

（一）直接接触触电

直接接触触电是指人体直接接触到带电体或者是人体过分接近带电体而发生的触电现象。直接接触触电又可以分为单相触电和双相触电。

1. 单相触电

当人体直接碰触带电体其中的一相时，电流通过人体流入大地，这种触电现象称为单相触电。对于高压带电体，人体虽未直接接触，但由于超过了安全距离，高电压对人体放电，造成单相接地而引起的触电，也属于单相触电。

低压电网通常采用变压器低压侧中性点直接接地和中性点不直接接地（通过保护间隙接地）的接线方式，如图6-7和图6-8所示。

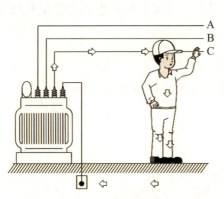
图6-7 中性点接地的单相触电

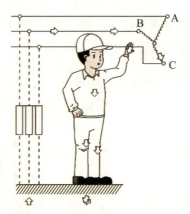
图6-8 中性点不接地的单相触电

单相触电

2. 两相触电

人体同时接触带电设备或线路中的两相导体，或在高压系统中，人体同时接近不同相的两相带电导体，而发生电弧放电，电流从一相导体通过人体流入另一相导体，构成一个闭合回路，这种触电方式称为两相触电。

发生两相触电时，作用于人体上的电压等于线电压——380 V，这种触电是最危险的，如图6-9所示。

两相触电

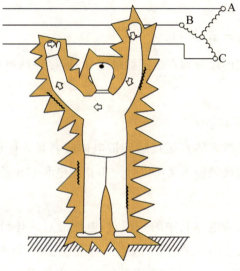

图 6-9 两相触电

(二) 间接接触触电

人体触及正常情况下不带电的设备外壳或金属构架，而因故障意外带电发生的触电现象，也称为非正常状态下的触电现象。高压电弧触电和跨步电压触电都属于间接接触触电。

1. 高压电弧触电

是指人靠近高压线（高压带电体）造成弧光放电而触电，如图 6-10 所示。

图 6-10 高压电弧触电

2. 跨步电压触电

当电气设备发生接地故障时，接地电流通过接地体向大地流散，在地面上形成电位分布时，若人在接地点周围行走，其两脚之间的电位差，就是跨步电压。由跨步电压引起的人体触电，称为跨步电压触电，如图6-11所示。

跨步电压触电

图6-11 跨步电压触电

下列情况和部位可能发生跨步电压触电：

（1）带电导体，特别是高压导体故障接地处，流散电流在地面各点产生的电位差造成跨步电压电击。

（2）接地装置流过故障电流时，流散电流在附近地面各点产生的电位差生成跨步电压电击。

（3）正常时有较大工作电流流过的接地装置附近，流散电流在地面各点产生的电位差造成跨步电压电击。

（4）防雷装置接受雷击时，极大的流散电流在其接地装置附近地面各点产生的电位差造成跨步电压电击。

（5）高大设施或高大树木遭受雷击时，极大的流散电流在附近地面点产生的电位差造成跨步电压电击。

跨步电压的大小受接地电流大小、鞋和地面绝缘性、两脚之间的跨距、两脚的方位以及离接地点的远近等很多因素的影响。人的跨距一般按0.8 m考虑。

（三）接触电压触电

电气设备的金属外壳本不应该带电，但由于设备使用时间过长，内部绝缘老化,造成击穿;或由于安装不良,造成设备的带电部分碰壳;或其他原因使电气设备的金属外壳带电,人若碰到带电外壳就会触电,这种触电称之为接触电压触电。

常见的触电形式有如下几种:

(1) 接触碰上了带电的导体。这种触电往往是由于用电人员缺乏用电知识或在工作中不注意,不按有关规章和安全工作距离办事等,直接地触碰上了裸露在外面的导电体,这种触电是最危险的。

(2) 由于某些原因,电气设备绝缘受到了破坏漏了电,而没有及时发现或疏忽大意,触碰了漏电的设备。

(3) 由于外力的破坏等原因,如雷击、弹打等,使送电的导线断落地上,导线周围将有大量的扩散电流向大地流入,将出现高电压,人行走时跨入了有危险电压的范围,造成跨步电压触电。

(4) 高压送电线路处于大自然环境中,由于锋利等摩擦或因与其他带电导线并架等原因,受到感应,在导线上带了静电,工作时不注意或未采取相应措施,上杆作业时触碰带有静电的导线而触电。

三、急救处理流程

援救触电事故中受伤人员时,自身的安全是第一位的,绝对不要去触碰仍与电压有接触的人员,如果可能,马上将电气系统断电,或用不导电的物体(木板、扫把等)把事故受害者或者导电体与电压分离。基本的触电急救流程如图6-12所示。

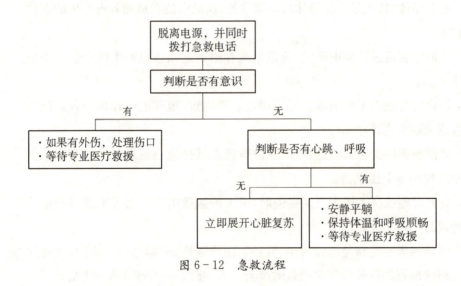

图6-12 急救流程

(一) 脱离电源

触电以后,可能由于痉挛或失去知觉等原因而抓紧带电体,不能自行摆脱电源,这时,抢救触电者的首要步骤就是使触电者尽快脱离电源。

1. 低压触电脱离电源的方法

（1）触电电源在近处有开关或插头时，应立即断开电源开关或拔掉电源插头，断开电源。

（2）触电电源近处没有开关，则可以用有良好绝缘钳柄的电工钢丝钳将电线剪断，或用有干燥木柄的斧头或其他工具将电线砍断。如触电者因站立地面单相触电时，也可用干燥木板等绝缘物插入触电者身下，隔断电流通路，使触电者脱离电源。

（3）如果身边什么工具都没有，也可以用干衣服、围巾等衣物，把一只手厚厚地、严密地包裹起来，拉触电者的衣服使其脱离电源。如有干燥木板或其他不导电的东西，救护者应站在上面进行救护。

2. 高压触电脱离电源的方法

（1）立即通知有关部门拉闸停电。

（2）近处有开关，要立即戴上绝缘手套，穿上绝缘靴，用相应电压等级的绝缘棒（操作棒）将开关拉开。

（3）抛掷裸金属线，避免线路发生短路跳闸。

（二）现场急救

当触电者脱离电源后，应根据触电者的具体情况迅速对症救护，力争在触电后 1 min 内进行救治。国内外一些资料表明，触电后在 1 min 内进行救治的，90%以上有良好的效果，而超过 12 min 再开始救治的，基本无救活的可能。现场操作的主要方法是口对口人工呼吸和体外心脏挤压法，严禁打强心针。

口对口人工呼吸法：是用人工的方法来代替肺的呼吸活动，使空气有节律地进入和排出肺脏，供给体内足够的氧气，充分排出二氧化碳，维持正常的通气功能。

胸外心脏挤压法：是指有节律地对心脏挤压，用人工的方法代替心脏的自然收缩，使心脏恢复搏动功能，维持血液循环。

需要注意的是，在抢救触电者的过程中，口对口人工呼吸和胸外心脏挤压法通常都是同步进行的，这两种施救方法联合实施的过程也叫"心肺复苏"。

1. 人工呼吸救护法

（1）抢救前的判定。

① 判定有无意识。救护人轻拍或轻摇触电人肩膀（注意不要用力过猛或摇头部，以免加重可能存在的外伤），并在耳旁大声呼叫。如无反应，立即用手指掐压人中穴。当呼之不应，刺激也毫无反应时，可判定为意识已丧失。

当触电人意识已丧失时，应立即呼救。将触电人仰卧在坚实的平面上，头部放平，颈部不能高于胸部,双臂平放在躯干两侧,解开紧身上衣,松开裤带,清除口腔异物。若触电人面部朝下,应将头、颈、躯干作为一个整体同时翻转,不能扭曲,以免加重颈部可能存在的伤情。

◇ 翻转时救护人跪在触电人肩旁,先把触电人的两只手举过头,拉直两腿,把一条腿放在另一条腿上。然后一只手托住触电人的颈部,一只手扶住触电人的肩部,全身同时翻转。

② 判定有无呼吸。在保持气道开放的情况下,判定有无呼吸的方法有:用眼睛观察触电人的胸腹部有无起伏;用耳朵贴近触电人的口、鼻,聆听有无呼吸的声音;用脸或手贴近触电人的口、鼻,测试有无气体排出;用一张薄纸片放在触电人的口、鼻上,观察纸片是否动。若胸腹部无起伏、无呼气声,无气体排出,纸片不动,则可判定触电人已停止呼吸。

注意事项

◇ 触电者伤势不重,神志清醒,但有心慌、四肢发麻、全身无力等症状,或曾二度昏迷,但已清醒过来,此时,一般只需将其扶到清凉通风之处休息,让其自然慢慢恢复。但要派专人照料护理,因为有的病人在几小时后会发生病变而突然死亡。

◇ 触电者有心跳,但呼吸停止或极微弱。应该采用口对口人工呼吸法进行急救,频率是约 12 次/min。

◇ 触电者有呼吸,但心跳停止或极微弱。应该采用人工胸外心脏按压法来恢复病人的心跳,频率是 60~80 次/min。

(2) 实施步骤。

① 使触电人仰卧,迅速解开衣扣,松开紧身的内衣、腰带,头不要垫高,以利于呼吸。

② 使触电人的头侧向一边,掰开触电人嘴巴(如果掰不开嘴巴,可用小木片或金属片撬开),清除口腔中的痰液或血块。

③ 使触电人的头部尽量后仰,鼻孔朝上,下颚尖部与前胸部大体保持在一条水平线上,避免舌根阻塞气道。

④ 救护人蹲跪在触电人头部侧边,一只手捏紧触电人的鼻孔,另一只手用拇指和食指掰开嘴巴,可垫一层纱布或薄布,准备输气。

⑤ 救护人深吸气后,紧贴触电人嘴巴吹气,吹气时要使触电人的胸部膨胀。成年人每分

钟大约吹气 14～16 次；儿童每分钟约吹气 18～24 次。不必捏鼻孔,让其自然漏气。

⑥ 救护人换气时,要放松触电人的嘴巴和鼻子,让其自动呼吸。

⑦ 人工呼吸的过程中,若发现触电人有轻微的自然呼吸时,人工呼吸应与自然呼吸的节律一致。当正常呼吸有好转时,可暂停人工呼吸数秒钟并观察。若正常呼吸仍不能完全恢复,应立即继续进行人工呼吸。

2. 胸外心脏挤压法

（1）使触电人仰卧在坚实的地面上,救护姿势与口对口人工呼吸法相同,使呼吸道畅通,以保证挤压效果。

（2）救护人蹲跪在触电人腰部一侧,或跨腰跪在腰部两侧,两手相叠,手掌根部要放在心窝稍高,两乳头间略低,胸骨下三分之一处。

（3）救护人两臂肘部伸直,掌根略带冲劲地用力垂直下压,压陷深度 3～5 cm,压出心脏里的血液。成年人每秒压一次（对儿童用力要稍轻,以免损伤胸骨,每分钟挤压 100 次为宜）。

（4）挤压后掌根应迅速全部放松,让触电人胸廓自动复原,放松时掌根不必完全离开胸廓。

（5）采用胸外心脏挤压法容易引起肋骨骨折,因此,压胸的位置和力的大小,都要十分注意。

注意事项

- 挤压力要合适,切勿过猛。
- 挤压与放松时间大致相等。
- 保持气管通畅,取出口内异物,清除分泌物。
- 用手推前额使头部尽量后仰,同时另一手臂将颈部向前抬起。

 **实训技能**

人体心肺复苏

实训目的
(1) 能判断被救者的状态。
(2) 能正确对被救者实施心肺复苏。

实训要求
(1) 口对口人工呼吸时,必须垫上消毒纱布面巾,一人一片,以防交叉感染。
(2) 操作时需保持清洁,以防弄脏面部皮肤及胸部皮肤,更不允许在人体模型上涂划。
(3) 实训完毕后需按照5S标准整理设备与场地。

实训器材
(1) 工具准备:心肺复苏人体模型,如图6-13所示。

图 6-13 人体模型

(2) 材料准备:人工呼吸膜,如图6-14所示。

操作步骤

1. 切断电源
抢救触电者第一步就是迅速切断电源。

2. 判断伤者情况
(1) 判断有无意识。

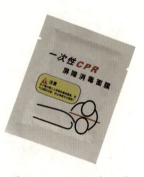

图 6-14 人工呼吸膜

① 将伤者平放在硬质地面上,操作者蹲跪在伤者边上,距离一拳的距离。

② 用"一拍、一呼、一看"的方式判断有无意识。"一拍"即拍伤者两肩;"一呼"即在伤者耳侧大声呼唤;"一看"即看伤者有无反应。

(2) 判断有无呼吸。

"一看、一听、一摸"判断伤者有无呼吸,或用一张薄纸片放在触电人的口、鼻上,观察纸片是否动。

3. 翻转体位

(1) 掌心呈空心状抱住伤者面颊部轻轻转向对侧。

(2) 将伤者两手臂以划船状举过头顶,如图 6-15 所示。

图 6-15　将手举过头顶

(3) 将伤者对侧的脚放在另一侧脚跟后面,如图 6-16 所示。

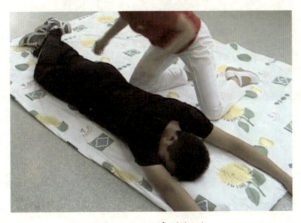

图 6-16　脚的摆放

(4) 用一只手的虎口护住伤者后脑勺,另一只手的虎口掐住腋窝。救助者肘关节与伤者躯体平行,夹住伤者,向后翻转。

(5)将手放回躯体两侧。

4. 胸外挤压

(1)解开伤者衣扣,松开紧身衣服。

(2)手指并拢,手指尖端放在胸部上凹陷处,进行胸外挤压,如图6-17所示。

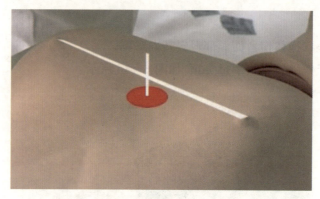

图6-17 胸外挤压处

(3)双手重叠,十指相扣,两臂肘部伸直,掌根略带冲劲地用力垂直下压,同时眼睛观察伤者面部反应。如果伤者面部开始恢复红润说明胸外挤压有效,如图6-18所示。

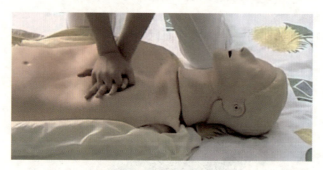

图6-18 胸外挤压

> 注意事项
>
> ◇ 按压频率:不少于100次/min。
> ◇ 按压深度:胸骨下陷3~5 cm。
> ◇ 按压与放松的比例为1:1。
> ◇ 按压过程中尽量不要中断。

5. 开放气道

（1）四指并拢，拇指伸开。四指放在面颊处，拇指压住伤者下巴，打开口腔，检查口腔中是否有异物。

（2）若有异物，四指屈曲变成空心掌抱住伤者面颊处轻轻旋转至自己的方向。

（3）一只手四指屈曲顶住下巴，拇指塞入口腔打开口腔。另一只手进行异物清理。

（4）清理异物后再将伤者转成仰卧位。

6. 实施人工呼吸

（1）将呼吸膜置于伤者面部。

（2）捏鼻，用手将伤者头部轻轻后仰，如图6-19所示。吹气时，伤者胸部需要微微隆起，如图6-20所示。

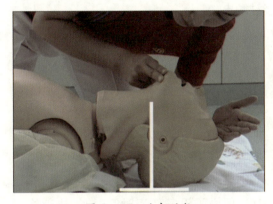

图6-19 头部后仰

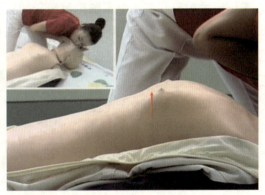

图6-20 吸气时胸部微微隆起

（3）救护换气时，要放松伤者的嘴巴和鼻子让其自动呼吸。

（4）吹气后需继续进行胸外心脏挤压。胸外心脏挤压和人工呼吸以30∶2为一个循环。

7. 恢复至复原体位

（1）将靠近自己一侧的手举至伤者头顶。

（2）将对侧手臂放在另一侧肩上。

（3）将对侧膝关节屈曲。

（4）握住伤者对侧的肩和弯曲的膝关节向自己这一侧翻转。

（5）抱住面颊部放在手掌上，使头充分后仰，口尖朝下，接着将弯曲着的腿置于地上。

思考与练习

一、判断题

1. 电击对人体的危害程度，主要取决于通过人体电流的大小和通电时间长短。（ ）
2. 电流对人体的伤害有三种形式：电击、电伤和电磁场伤害。（ ）
3. 当人体接触到 25 V 以上的直流电，或 60 V 以上的交流电时，人体就有可能会发生触电事故。（ ）
4. 发生单相触电时，作用于人体上的电压等于线电压——380 V，这种触电是最危险的。（ ）
5. 高压电弧触电和跨步电压触电都属于间接接触触电。（ ）
6. 实施胸外挤压时，挤压时间要稍短于放松时间。（ ）

二、单选题

1. 人体可持续接触的安全电压为（   ）。
   A. 10 V　　　　　B. 42 V　　　　　C. 24 V　　　　　D. 36 V
2. （   ）是由电流热效应产生的电伤。
   A. 电烙印　　　　B. 电灼伤　　　　C. 皮肤金属化　　D. 电光眼
3. （   ）是指电气设备的金属外壳本不应该带电，但由于设备使用时间过长，内部绝缘老化，造成击穿，人碰到带电外壳就会触电。
   A. 接触电压触电　B. 单相触电　　　C. 跨步电压触电　D. 高压电弧触电
4. 当发现有人触电后，首先应该做的是脱离电源，接下来要（   ）。
   A. 等待专业救援　　　　　　　　　B. 开展心肺复苏
   C. 进行胸外挤压　　　　　　　　　D. 判断有无意识

学习小结

1. 人体安全电压是指为了防止触电事故而由特定电源供电所采用的电压系列，是不致使人直接致死或致残的电压。根据行业规定，安全电压不高于 36 V，持续接触安全电压为 24 V，安全电流为 10 mA。
2. 高压电对人体的伤害有三种形式：电击、电伤和电磁场伤害。

3. 电击是指电流流经人体内部,引起疼痛发麻、肌肉抽搐等身体反应。分为电击效应、热效应、化学效应、肌肉刺激效应、发生静态短路的热效应、由于短路引起火花、带电高压线路接通和断开时所产生的弧光。
4. 电伤通常是由电流的热效应、化学效应或机械效应造成的,分为电灼伤、电烙印、皮肤金属化、电光眼和机械性损伤。
5. 直流与交流电压都会对人体产生伤害,但是交流电压对人体伤害的阈值却只有直流的50%。
6. 人体的触电方式可以分为直接接触触电、间接接触触电和接触电压触电。直接接触触电包括单相触电和两相触电;间接接触触电包括高压电弧触电和跨步电压触电。
7. 电气设备的金属外壳本不应该带电,但由于设备使用时间过长、内部绝缘老化等原因使电气设备的金属外壳带电时,人若碰到带电外壳就会触电,这种触电称之为接触电压触电。
8. 当有人触电时,基本的触电急救流程应该是先脱离电源→判断触电者是否有意识→进行现场急救。

项目七　新能源汽车事故发生后的救援

项目描述

近来,多国公布全面禁售燃油汽车时间表,个别车企也表示未来将只售电动汽车。由此可见,新能源汽车将成为未来汽车业发展的主流,新能源汽车的保有量势必会快速增长,随之而来的各类新能源汽车事故也一定会成为常见问题。由于新能源汽车采用高压电作为工作电源,如果不能了解事故发生后正确的救援方法,则很容易因高压电击而产生二次伤害,所以掌握正确的新能源汽车事故救援方法是必不可少的。

本项目主要介绍新能源汽车发生事故后的正确救援方法。

1. 正确处置新能源汽车碰撞事故；
2. 正确处置新能源汽车起火事故；
3. 正确处置新能源汽车涉水事故；
4. 正确切断和恢复新能源汽车的高压系统。

一、救援安全操作流程及规范

（一）车辆发生事故后驾驶员操作流程

随着我国经济发展和人们物质生活水平的不断提高，"人人都买得起车"的概念越来越深入人心。那么车多起来，交通事故也就变得更有可能发生。因此学习一些发生交通事故后的正确做法是非常必要的。以下是发生交通事故后驾驶员应该进行的一些操作流程。

1. 立即停车

车辆发生交通事故时必须立即停车。停车以后按规定拉紧驻车制动杆，切断电源，开启危险报警闪光灯，如夜间事故还需开示宽灯、尾灯。在高速公路发生事故时还须在车后按规定设置危险警告标志。

（1）认识危险警告灯开关。

危险警告灯（也叫双跳灯、双闪灯）是一种提醒其他车辆与行人注意本车发生了特殊情况的信号灯。开关位于驾驶室中控台中央位置，如图 7-1 所示。

图 7-1 危险警告灯开关

图 7-2 三角警示牌

(2) 三角警示牌。

三角警示牌，准确名称应该是三角警告牌，如图7-2所示。汽车三角警告牌是由塑料反光材料做成的被动反光体，驾驶员在路上遇到突发故障停车检修或者是发生意外事故的时候，利用三角警示牌的回复反光性能，可以提醒其他车辆注意避让，以免发生二次事故。

一般来讲，驾驶员在发现前方出现三角警告牌时需要经过一个发现、清晰可见前方警告信号、采取措施制动、减速、避让这么一个过程。以100 km/h行驶的汽车为例，通常来说，至少需要10.8 s的反应时间或者说至少350 m的距离。这就需要三角警示牌具有很强的反光性，从而让驾驶员第一时间看到它。

根据《中华人民共和国道路交通安全法》的规定，在常规道路上，发生故障或者发生交通事故时，应将三角警示牌设置在车后50 m至100 m处；而在高速公路上，则要在车后150 m外的地方设置警示标志，若遇上雨雾天气，还得将距离提升到200 m。这样才能让后方的车辆及早发现，夜间车辆出事时，摆放警示牌尤为重要。

对大多数车辆来说，三角警示牌与千斤顶一样，都是在买车的时候随车配备的。一般放置在车辆的行李舱或者行李舱下隔板里面。建议用完之后回归原位，这样等未来再用到它的时候能第一时间找到。

2. 及时报案

(1) 当事人在事故发生后应及时将事故发生的时间、地点、肇事车辆及伤亡情况，打电话或委托过往车辆、行人向附近的公安机关或执勤交警报案，在警察来到之前不能离开事故现场，不允许隐匿不报。在报警的同时也可向附近的医疗单位、急救中心呼救、求援。如果现场发生火灾，还应向消防部门报告。"交通事故报警"、"急救中心"、"火灾报警"的全国统一呼叫电话号码分别为"122"、"120"、"119"。当事人需得到对方明确答复方能挂机，并立即回到现场通报联系情况、等候救援及接受调查处理等，如图7-3所示。

图7-3 常用报警电话号码

(2) 查看保单或是保险卡,按照上面所示保险公司电话致电保险公司客服,简单说明出险时间、地点、情况说明,保险公司会派就近定损员或是查勘车到场协助处理。

3. 保护现场

保护现场的原始状态,包括其中的车辆、人员、牲畜和遗留的痕迹、散落物不随意挪动位置。当事人在交通警察到来之前可以用绳索等设置保护警戒线,防止无关人员、车辆等进入,避免现场遭受人为或自然条件的破坏。为抢救伤者,必须移动现场肇事车辆、伤者等,应在其原始位置做好标记,不得故意破坏、伪造现场。

4. 抢救伤者或财物

当事人确认受伤者的伤情后,能采取紧急抢救措施的,应尽最大努力抢救,包括采取止血、包扎、固定、搬运和心肺复苏等。并设法送到就近的医院抢救治疗,除未受伤或虽有轻伤本人拒绝去医院诊断外,一般可以拦搭过往车辆或通知急救部门、医院派救护车前来抢救。对于现场散落的物品及被害者的钱财应妥善保管,注意防盗防抢。

5. 做好防火防爆措施

事故当事人还应做好防火防爆措施,首先应关闭车辆的点火开关,消除其他可能引起火警的隐患。事故现场禁止吸烟,以防引燃泄漏的燃油。载有危险物品的车辆发生事故时,危险性液体、气体发生泄漏,要及时将危险物品的化学特性,如是否有毒,易燃易爆、腐蚀性及装载量、泄漏量等情况通知警方及消防人员,以便采取防范措施。

6. 协助现场调查取证

在交通警察勘察现场和调查取证时,当事人必须如实向公安交通管理机关陈述交通事故发生的经过,不得隐瞒交通事故的真实情况,应积极配合协助交通警察做好善后处理工作,并听候公安交警部门处理。

(二) 新能源车救援工作要点

新能源车与传统车的救援流程是一致的,区别在于新能源车有高压电,在救援过程中应当注意防止触电以及电池组发生爆炸燃烧的危险。在进行新能源车辆救援时应当进行下列工作。

1. 风险评估

(1) 了解车辆类型、型号,动力电池种类、容量、车辆最高电压、高压线路走向等情况,必要时应联系生产者或当地经销商以获得详细车辆信息。

(2) 查明车辆主开关或应急开关的位置及状态。

(3) 判断事故车辆动力电池及高压电系统的受损情况,评估动力电池可能发生爆炸燃烧的危险因素及后果。

(4) 对于混合动力汽车,还应查明燃料箱部位及受损情况。

(5) 评估事故车辆是否存在漏电、燃烧、电解液喷溅和爆炸燃烧的可能性。

2. 稳固及断电

根据事故车辆状态、位置等情况,合理采取短足、长足等稳固技术,运用支撑杆等器材装备对车体实施有效稳固,创建安全作业条件,有效防止车辆移动。

3. 电路系统处理

关闭车辆起动开关,将车辆钥匙装入信号屏蔽袋或拿到距离事故车辆 10 m 开外,切断并取走 12 V 蓄电池连接线,拔出维修开关。

4. 部分新能源汽车维修开关示意图

(1) EV160,位于后排在中间脚垫下部,如图 7-4 所示。

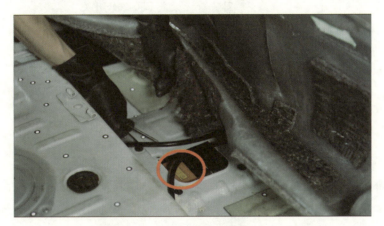

图 7-4 北汽 EV160 维修开关

(2) 比亚迪·秦,位于左侧后排座椅靠背后,如图 7-5 所示。

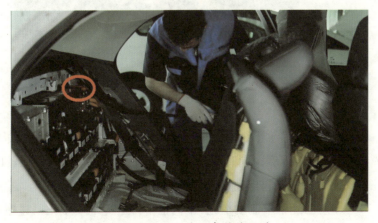

图 7-5 比亚迪·秦维修开关

(3)荣威 E50,位于驾驶室中部杯架内部(拆除杯架即可拆卸维修开关),如图 7-6 所示。

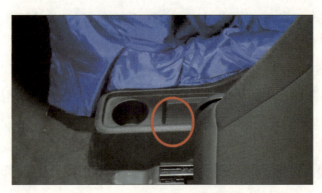

图 7-6　荣威 E50 维修开关

二、新能源汽车碰撞、起火、涉水后的救援

(一) 碰撞事故

1. 车辆碰撞时处理

车辆碰撞(图 7-7)多发生于前车突发减速或突然改变行驶方向。其损失的程度取决于撞击速度和部位。

发生碰撞

图 7-7　汽车碰撞

(1)当车辆发生侧面碰撞可能时,首先应控制方向,顺前车方向极力改侧撞为挂撞,以减轻损伤程度。同时驾驶员身体向右侧倾斜,双手紧握转向盘,后背尽量靠住座椅靠背,稳住身体,避免被甩出车外。

(2)即便已经采取制动措施,车辆也不可避免地发生正面碰撞或追尾相撞时,还应判断撞击方位和力度。若主要方位不在驾驶员一侧,则驾驶员应双臂稍曲,紧握转向盘，以免肘关节脱位。同时，双腿向前挺直，身体紧靠椅背，使身体定位较稳，不致头部前倾撞击风窗玻璃或胸部前倾撞击转向盘。若判断车辆撞击方位在驾驶员一侧撞击力相当大时，则应毫不犹豫地抬起双腿，双手放弃转向盘，身体侧卧于侧座上，避免身体被转向盘挤压受伤。

如发生碰撞或突发撞击，车辆会启动高压保护措施，自动切断高压供电系统，同时车门锁将开启，车内照明灯点亮，危险警告灯闪烁，组合仪表上的高压电池包切断警告灯、直流/直流充电故障警告灯、动力系统故障警告灯点亮，此时车辆将无法起动。

2. 碰撞事故发生后处理

如若发生碰撞事故后，在保证人身安全的情况下，视情况进行如下操作：

（1）发生车辆碰撞事故，损失金额不大且双方对责任没有争议，首先应该尽量对现场拍照后先行转移到不影响他人通行的地方，避免造成交通堵塞。

① 只有财产损失并且是非常轻微的。可以双方协商处理，直接协商私了，如果损失太小，报保险没有意义，还会影响下年保费。

② 只有财产损失，但是损失比较大或者损失轻微但双方难以协商的。先报双方保险处理，让保险公司现场协商，一般保险理赔员都有丰富的事故处理经验，让他们出面处理事故完全没有问题。

（2）如果双方对事故责任或原因有争议的，应保护好现场并同时报警并向保险公司报案。

① 有人员受伤或者车损很大或者双方在保险调解下也无法协商的，报交警处理，让交警划分责任，然后根据责任划分承担赔偿责任。

② 对交警责任划分不服的，可以在事故认定书下达后三日内申请复核，也可以在法院起诉时提出重新认定责任，以终审法院判决为最终结果。

③ 对赔偿问题有异议或者一方拒不赔偿的，可以申请交警调解，调解不成的，可以法院起诉，一审不服还可以上诉，以终审法院判决为最终结果。判决后仍不执行的，可以申请强制执行。

《道路交通安全法》第八十六条：

机动车与机动车、机动车与非机动车在道路上发生未造成人身伤亡的交通事故，当事人对事实及成因无争议的，在记录交通事故的时间、地点、对方当事人的姓名和联系方式、机动车牌号、驾驶证号、保险凭证号、碰撞部位，并共同签名后，撤离现场，自行协商损害赔偿事宜。当事人对交通事故事实及成因有争议的，应当迅速报警。

3. 事故救援

对于新能源汽车，救援人员在救援时应做到以下几点：

(1) 了解车辆类型、型号,动力电池种类、容量、车辆最高电压、高压线路走向等情况,必要时应联系生产者或当地经销商以获得详细车辆信息。

(2) 查明车辆主开关或应急开关的位置及状态。

(3) 判断事故车辆动力电池及高压电系统的受损情况,评估动力电池可能发生爆炸燃烧的危险因素及后果。

(4) 对于混合动力汽车,还应查明燃料箱部位及受损情况。

(5) 评估事故车辆是否存在漏电、燃烧、电解液喷溅和爆炸燃烧的可能性。

(二)起火事故

车辆安全事故除交通事故外,车辆火灾事故也经常发生(图7-8)。火灾事故对人员、车辆本身乃至环境安全带来不同程度影响,小则车辆受损、大则人员伤亡,严重的甚至波及周边安全。切实做好车辆火灾预防工作和学会车辆火灾应急处理是非常重要的。

发生火灾

图7-8 起火事故

1. 车辆火灾特点及其可能后果

(1) 发生突然、火势蔓延快、温度高、烟气浓。车辆内发生火灾,车上空间较小,而且车辆单位面积火灾荷载较高,如车内装饰材料、轮胎和座椅等。燃烧后会产生极高的温度和有毒气体,同时车辆着火之后,火势发展迅速,很快就会蔓延至整车燃烧。

(2) 易造成爆炸事故,扩大事故面积。新能源汽车的动力电池在火灾当中可能会发生爆炸,而其中混合动力汽车还带有油箱,增大了火灾爆炸的可能性。

(3) 空间狭小,逃生困难。车辆内部空间狭小,一旦发生火灾,如不及时逃离,将很可能被困车内。很多车辆火灾的案例都是由碰撞事故引起的,车门变形难以打开。

2. 车辆火灾预防要点

(1) 养成良好的个人车辆驾驶、管理习惯，坚持定期检查车况，了解并掌握车辆安全状况，发现问题及时处理，不带状况上路。

(2) 不随意改装线路。非专业的改装易引发电路过载、接触不良或磨损"搭铁"等问题，搭铁出现故障会产生大量的热量，形成火灾隐患。

(3) 车内不放置危险品。老花镜、放大镜、香水、光盘、瓶装水等（会将阳光聚焦的物品）、碳酸饮料、一次性打火机、电池等（温度升高会导致超压爆炸的物品），这些危险品在阳光下暴晒可能会发生爆炸引起火灾。

(4) 停车避开易燃物。夏季行车后，对于混合动力车而言车底的三元催化器温度可能超过 400℃，如果车底有易燃物，很容易被点燃，从而导致车辆燃烧。

(5) 经常检查油路（针对混合动力车）。油路在自然事故诱因中和电路隐患同样重要，机舱内如有一些渗油漏油情况没有被及时发现，夏季高温环境下发动机舱内温度急剧升高，足以点燃渗出的油液，造成自燃风险。

(6) 定期检查电气线路。定期对车内的电路进行检查，如果发现线路表面的绝缘胶皮有开裂、龟裂、老化甚至严重破损等情况时，就存在断路隐患，应当尽快去进行处理。另外检查所有电线接头处、蓄电池正、负极接头紧固性，如有松动也易发生虚接和"搭铁"。

(7) 放置合格的灭火器在易拿取的位置。车辆起火往往发展迅猛，很快就会从小火苗，变成整车燃烧的熊熊大火，建议将车载灭火器放置在驾驶员能够迅速拿取并使用的位置。

3. 车辆着火应急处置要点

车辆着火应急处置应做到早发现、快处置、及时报警、适机撤离待援。

(1) 勤观察，注意发现"火灾苗头"。一般车辆自燃前，会先有烟雾或焦味冒出，当行驶途中发现白烟冒出并伴有烧焦的味道或者其他异味，很大可能是车辆自燃，驾驶人应该保持警惕性，将车辆停靠在安全地带进行相关救援。

(2) 停车断电（对于混合动力车还应该断油），并第一时间报警。当怀疑车辆即将自燃或已经自燃后，应当迅速将车辆停靠至路边，并且远离周围的易燃物，同时迅速熄火，切断一切车内电源，并第一时间拨打火警电话报警，在道路上，应同时设置警戒并拨打 122 交通事故报警电话。

(3) 利用车载消防设施灭火。条件允许的，立刻使用灭火器站在上风口对着着火点喷射灭火。如果发动机舱着火，请戴上手套或用比较隔热的东西将发动机舱盖打开，将灭火器的喷嘴从缝隙处喷射灭火剂到发动机舱，以减小火势。新能源汽车灭火器应使用干粉灭火器，不能使用水基灭火器。

(4) 撤离。如果车辆火势较大，蔓延迅速，短时间无法控制（通常 3 min 内）应迅速撤离，并告知来往车辆及周围人员远离着火车辆,等待专业救援队伍。

4. 事故救援

参照碰撞事故救援。对于起火事故还应注意:

(1) 如果电池线束冒烟起火,使用二氧化碳或者干粉灭火器喷射。

(2) 如果电池起火,在远距离使用高压水枪灭火。

(三) 涉水事故

雨天夏季涉水(图7-9)行车是人们经常遇到的情况,开车人也不可避免要行经积水路面。车主涉水行车时,要正确操作车辆,不恰当的操作不仅让车辆无法安全通过积水地段,还会造成严重的故障隐患。涉水过程中要把握如下原则:水位达到轮胎的二分之一处便不可继续涉水;要保持较低车速;熄火后不可立即起动。

涉水行驶

图7-9 涉水事故

1. 汽车行驶途中,不可贸然涉水

首先,应该减速或停车观察。一般来讲,水位达到轮胎的二分之一处,再涉水行驶就有一定的危险了。在确认汽车能够通过时,一般应选择距离最短、水位最浅、水流缓慢及水底最坚实的路段。涉水时应保持电机运转正常、转向和制动机构灵敏可靠。速度快会增加汽车的实际过水深度,导致雨水从机舱或从底盘进入驾驶室内。应避免与大车逆向迎浪行驶。如通过观测,水位较高,应尽量绕行,勿强行通过。

2. 汽车涉水时要保持较低车速

行驶中要稳住加速踏板,保持汽车有足够而稳定的动力。要尽可能不停车、不换挡,加速踏板不回收,也不要加速。应该低挡中高加速踏板匀速一次通过。

尽量避免中途停车或急转弯,尤其是水底路为泥沙时更要注意,行进中要看远顾近,避免使车辆偏离正常的涉水路线而发生意外,不能快速驶过溅起大浪或水花。

3. 在水中熄火,切不可立即起动

对于混动汽车而言,熄火后应尽快采取措施把汽车拖到积水少的安全地点。发动机进水是非常严重的问题,水可以通过空气滤芯从进气门进入,再由进气管进入缸体。此时千万不要再尝试起动发动机,否则极可能造成发动机曲轴、连杆等重要部件变形,造成汽车发动机抖动,严重的可以折断部件。在水中熄火很可能导致发动机进水,熄火后只能挂空挡拖车进修理厂清理。

4. 汽车涉水后,应该及时排除制动片水分

汽车涉水后应及时排除制动片水分,尤其是鼓式制动的汽车,否则车辆在涉水后会丧失制动效能,造成严重危险或事故。具体操作是:低速行驶同时踩加速踏板并轻踩制动踏板,不会一脚两用的人可以多次踩制动踏板,此时注意车速一定要慢。反复多次,使制动鼓与制动片通过摩擦产生热能蒸发排干水分。

5. 车辆浸水后如何处理

(1) 谨慎涉水行驶。

如果车辆被水淹,水位较高,首先应关掉电源,不要起动车辆,联系保险公司或修理厂的人员,由其到现场进行处理;如果水位不高,车主可自行将车辆开到修理厂或保险公司定损点进行检查,发现有零部件损坏,可向保险公司索赔。值得提醒的是,在通过积水时千万不要"收加速踏板",以免管道将水倒吸进入发动机。

(2) 熄火后千万别重新起动。

混合动力汽车在涉水发动机熄火后,禁止再次起动车辆。进入缸体的积水不具备润滑的作用,重新起动发动机会造成发动机活塞、缸体等严重磨损,严重者甚至导致发动机报废。

(3) 车库排水系统要自查。

如果你的爱车停放位置属于水浸高危地段,平时就应该多了解车库的排水情况。遇到多雨季节,应将车开到安全的地方停放。

6. 事故救援

(1) 了解车辆类型、型号。

(2) 查明车辆主开关或应急开关的位置及状态。

(3) 根据相关资料进行拖车救援。

 **实训技能**

北汽 EV160 切断和恢复高压系统

实训目的

掌握北汽 EV160 纯电动汽车切断和恢复高压系统操作。

实训要求

（1）工具使用合理，操作标准规范。
（2）拆装操作流程规范。
（3）正确使用高压防护工具。
（4）做好高压线插接头绝缘处理。
（5）操作完毕后需按照 5S 标准整理设备与场地。

实训器材

（1）车辆准备：北汽 EV160，如图 7-10 所示。

图 7-10　EV160 纯电动汽车

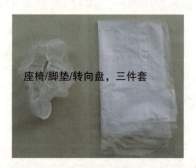

图 7-11　三件套

图 7-12　翼子板布和前格栅布

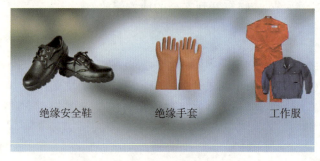

图 7-13　高压防护套件

项目七 新能源汽车事故发生后的救援

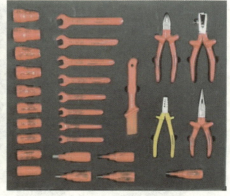

图 7-14 绝缘工具一套

（2）工具准备：三件套（图 7-11）、翼子板布和前格栅布（图 7-12）、高压防护套件（图 7-13）以及绝缘工具（图 7-14）。

（3）场地设施：有消防设施的场地。

操作步骤

1. 车辆准备

（1）将车辆停至工位，挡位旋至 N 位，拉驻车制动杆，拔下钥匙，如图 7-15 所示。

（2）打开车门，安装三件套，拉开前舱盖开启手柄，如图 7-16 所示。

新能源汽车高压电的中止检验（EV160）

图 7-15 拉驻车制动杆　　　　图 7-16 前舱盖开启手柄

（3）打开前舱盖，安装翼子板布和前格栅布，如图 7-17 所示。

图 7-17 安装翼子板布和前格栅布

2. 人员准备

穿上高压防护套装,如图 7-18 所示。

图 7-18 穿上高压防护装备

3. 车辆实操

(1) 断开 12 V 蓄电池负极电缆,如图 7-19 所示。

(2) 断开维修开关(EV160 使用 PDU 系统车型无维修开关)。

① 拆下后排座椅座垫及脚垫,如图 7-20 所示。

② 使用工具拆下维修开关盖板,拔出维修开关并使用绝缘胶布包住维修开关槽,如图 7-21 所示。

图 7-19　拆下 12V 蓄电池负极电缆

图 7-20　拆下后排座椅座垫

图 7-21　拔出维修开关

(3) 放电及验电。

高压断开后,如需进行其他高压相关操作请等待至少 10 min,并使用仪器测量高压接头,确保高压器件完全放电(参照任务六实训一放电验电操作)。

(4) 恢复高压操作。

恢复高压系统请按逆序进行上述车辆实操步骤(注意高压安全防护)。

① 除去维修开关槽绝缘胶带,正确安装维修开关并确认安装紧固,如图 7-22 所示。

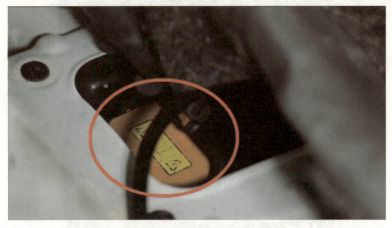

图 7-22 安装维修开关

② 装上维修开关槽盖板,并使用工具紧固螺栓,如图 7-23 所示。

图 7-23 安装维修开关槽盖板

③ 恢复后部脚垫并装上后排座椅垫,如图 7-24 所示。

④ 连接前舱 12 V 蓄电池负极电缆,并用工具紧固,如图 7-25 所示。

图 7-24 恢复后部脚垫并安装后排座椅垫

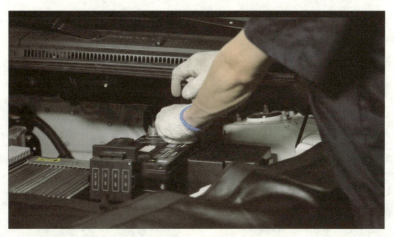

图 7-25 连接12V蓄电池负极

完成上述操作,即可恢复车辆高压供电。

比亚迪·秦切断和恢复高压系统

实训目的

掌握比亚迪·秦混合动力汽车切断和恢复高压系统操作。

实训要求

(1) 工具使用合理,操作标准规范。

(2) 拆装操作流程规范。

(3) 正确使用高压防护工具。

(4) 做好高压线插接头绝缘处理。

(5) 操作完毕后需按照5S标准整理设备与场地。

实训器材

(1) 车辆准备:比亚迪·秦,如图7-26所示。

图7-26 比亚迪·秦

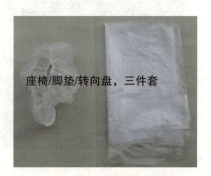

图7-27 三件套

图7-28 翼子板布和前格栅布

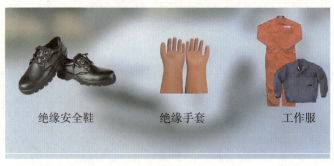

图7-29 高压防护套件

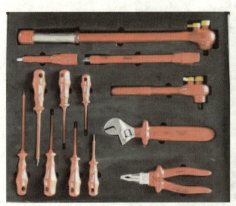
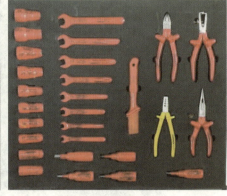

图 7-30　绝缘工具一套

(2) 工具准备：三件套(图 7-27)、翼子板布和前格栅布(图 7-28)、高压防护套件(图 7-29)以及绝缘工具(图 7-30)。

(3) 场地设施：有消防设施的场地。

操作步骤

1. 车辆准备

(1) 将车辆停至工位，档位调至 N 位，按下电子驻车按钮，拔下钥匙，如图 7-31 所示。

图 7-31　变速杆及电动驻车按钮

(2) 放置车轮挡块，如图 7-32 所示。

(3) 打开车门，安装三件套，如图 7-33 所示。

(4) 打开前舱盖，安装翼子板布和前格栅布，如图 7-34 所示。

图 7-32 安装车轮挡块

图 7-33 安装"三件套"

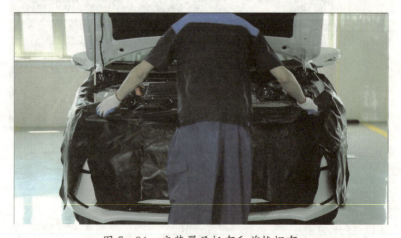

图 7-34 安装翼子板布和前格栅布

2. 人员准备

穿上高压防护套装,如图 7-35 所示。

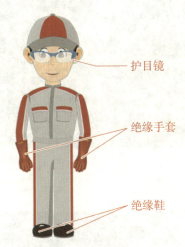

图 7-35 穿上高压防护装备

3. 车辆实操

(1) 拆除行李舱饰板,断开 12 V 蓄电池负极电缆,如图 7-36 所示。

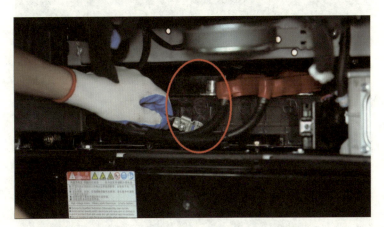

图 7-36 拆下 12 V 蓄电池负极电缆

(2) 拆除后排座椅座垫及靠背,如图 7-37 和图 7-38 所示。

(3) 拔出维修开关,并用绝缘胶带封住维修开关槽,如图 7-39 和图 7-40 所示。

(4) 放电及验电。

高压断开后,如需进行其他高压相关操作请等待至少 10 min 并使用仪器测量高压接头,确保高压器件完全放电(参照任务六实训二放电验电部分)。

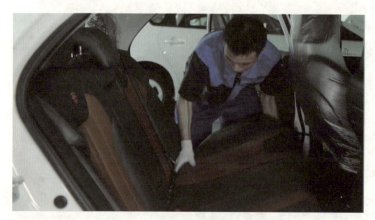

图 7-37 拆下后排座椅垫

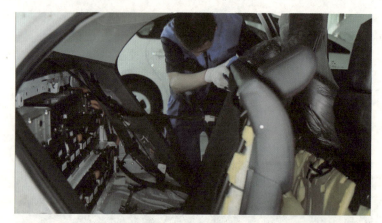

图 7-38 拆下后排座椅靠背

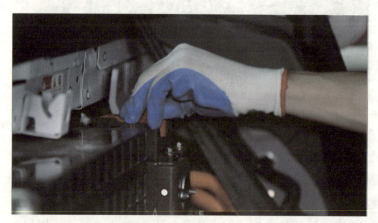

图 7-39 拔出维修开关

图 7-40 用绝缘胶带封住维修开关槽

(5) 恢复高压操作。

恢复高压系统请按逆序进行上述车辆实操步骤(注意高压安全防护)。

① 除去维修开关槽绝缘胶带,将维修开关正确安装并确认安装牢固,如图 7-41 所示。

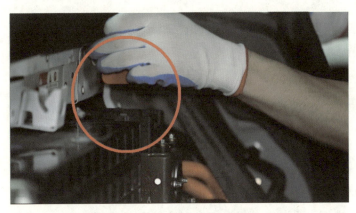

图 7-41 安装维修开关

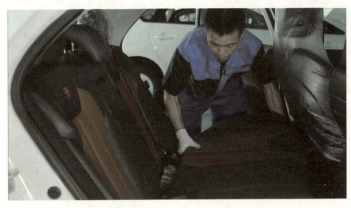

图 7-42 安装后排座椅靠背及座垫

② 安装后排座椅，先装上座椅靠背，再装上座椅垫，如图7-42所示。

③ 连接12V蓄电池负极电缆，然后使用工具紧固，如图7-43所示。

图7-43　连接12V蓄电池负极电缆

④ 装上行李舱饰板。

完成上述步骤后，即可恢复车辆高压供电。

思考与练习

一、判断题

1. 如果电池线束冒烟起火，使用二氧化碳或者干粉灭火器喷射。（　　）
2. 如果动力电池起火，可以使用少量水灭火。（　　）
3. 碳酸饮料、一次性打火机、电池等（温度升高会导致超压爆炸的物品），这些危险品在阳光下暴晒可能会发生爆炸引起火灾。（　　）
4. 车辆涉水后发动机熄火，可以再次起动车辆。（　　）
5. 汽车涉水后，应该及时排除制动片水分。（　　）

二、单选题

1. 车辆涉水时，水位应不超过车轮的（　　）。
   A. 1/5　　　　B. 1/4　　　　C. 1/3　　　　D. 1/2
2. 拆下维修开关后，应使用_____遮住维修开关槽。（　　）
   A. 纸张　　　　　　　　　　B. 干净的布
   C. 绝缘胶带　　　　　　　　D. 不用遮

3. 在对 EV160 进行切断高压情况时，档位应旋至（   ）。
   A. P 位　　　　　　　B. N 位　　　　　　　C. E 位　　　　　　　D. D 位
4. 在高速公路上车辆因故障或事故停车后，在开启危险警告灯后，还应至少在_____ m 放置三角警示牌（   ）。
   A. 50　　　　　　　　B. 100　　　　　　　 C. 150　　　　　　　 D. 200
5. 交通事故报警电话是_____。（   ）
   A. 114　　　　　　　 B. 122　　　　　　　 C. 119　　　　　　　 D. 112

学习小结

1. 车辆发生事故后驾驶员应该进行如下操作：
   立即停车→及时报案→保护现场→抢救伤者或财物→做好防火防爆措施→协助现场调查取证。
2. 新能源车救援时，应当做好风险评估、固定及断电、电路处理等。
3. 在进行新能源汽车救援时，应当做好安全防护，了解需要救援车辆的相关信息。
4. 北汽 EV160 及比亚迪·秦断电操作均需先断开 12 V 蓄电池负极电缆，再断开维修开关，并等待 5~10 min，对高压部件高压电容进行放电。